Inhalt

Einführung

Das deutsche Kaiserreich wird heute meist mit negativen Vorzeichen gesehen. Es gilt weitgehend als die „gescheiterte Großmacht" (Andreas Hillgruber), stellte doch das kaiserliche Deutschland, wie es der Historiker Michael Stürmer formulierte, eine „Leiter an den Himmel". Die Folge solcher Hybris waren Sturz und Niederlage im Ersten Weltkrieg.

Auch die innere Gestalt dieses Staates, dem 1923 der Historiker Hans Dellbrück als dem mit „seiner Vereinigung von Monarchie und Demokratie ... bestkonstruierten Staat aller Zeiten" nachtrauerte, findet heute kaum noch eine günstige Einschätzung. Urteile einiger Zeitgenossen, wie etwa das des Kunsthistorikers Rudolf von Engelhardt aus dem Jahre 1905 klingen uns da schon zutreffender. Engelhardt sprach von der „Präzision", der „fast maschinellen Gesetzmäßigkeit, mit welcher der große Apparat des deutschen Staates" arbeite. Ihre Wirkung sei „ein Milieu der Ordnung und der sogenannten Wohlfahrt", aber sie könne nur annähernd die „Erziehung zur Freiheit, sittlichem Wollen" ersetzen, sie stelle nur eine „zwangsweise Methode zur Veredelung des Menschen" dar. Die „Exstirpation (Austreibung) des deutschen Geistes zugunsten des deutschen Reiches" glaubte Friedrich Nietzsche seit der Reichsgründung zu erkennen. Uns scheint die Lösung von der geistigen Tradition der deutschen Literatur und Philosophie in ihrer Blütezeit seit dem ausgehenden 18. Jahrhundert unverkennbar. Differenzierter, das Schwankende und die Ungewißheit der Konturen hervorhebend, sahen Zeitgenossen im Ausland das Reich. Eine eigentümliche, für das Kaiserreich typische Mischung zwischen Traditionalismus und Modernität fand die französische Zeitung „Nationale" 1880 in dessen Selbstdarstellung anläßlich der Feiern zur Vollendung des Kölner Domes, „jene seltsame Verquickung von Mittelalter und Gegenwart, wie sie der Grundzug des jetzigen Deutschland ist: etwas Romantik, etwas Industrie, etwas Bibel, etwas Krupp". Unvermeidlich sei, so meinte der englische Diplomat Lord Sanderson 1907, die rastlose und ränkevolle Politik des jungen Kaiserreichs, sei dessen anmaßendes, ungeduldiges Pochen auf die Anerkennung seiner unter großen Mühen erst kürzlich errungenen Stellung. Aber Großbritannien und die anderen Mächte müßten dem „deutschen Unternehmungsgeist" ein „Betätigungsfeld" einräumen und seine Politik, soweit sie nicht eigenen Interessen schade, fördern. Sie könnten dabei von der Erwartung ausgehen, daß Deutschland für „freundschaftliche Unterstützung dankbar sei".

Die durch wirtschaftlichen und sozialen Wandel im Zeichen der Industrialisierung verursachte Unruhe und Gärung trafen auf ein Gemeinwesen, das gerade erst die Aufgabe der inneren nationalen Einigung begonnen hatte. Die Zersplitterung der deutschen Einzelstaaten, sei es, daß sie im Zuge der Reichseinigung untergingen, sei es, daß sie unter dem Dach des Reiches ihre Einzelstaatlichkeit behielten, war noch nicht überwunden. Ebensowenig war die gesellschaftlich und politisch höchst wirksame konfessionelle Spaltung entschärft. Neue Spannungen und Gruppierungen vermischten sich mit den alten oder traten nun zu ihnen hinzu. Dieser unausgegorenen Vielfalt insgesamt stand als starke Klammer der Nationalismus entgegen. Er gewann in den Jahrzehnten vor dem Ersten Weltkrieg in Deutschland wie in anderen Ländern Europas den Charakter einer massenwirksamen, quasi religiösen Bewegung. Der Rivalitätskampf der Nationen, wie er sich den Zeitgenossen in sozialdarwinistischer Perspektive darstellte, schien die innere

Einheit zu erzwingen. Gegenüber den divergierenden gesellschaftlichen Gruppen wurde an die nationale Geschlossenheit appelliert; von ihr konnte und wollte sich kaum jemand ausnehmen.
Nationale Politik veränderte auch die Stellung und politische Entscheidungsfähigkeit der alten Führungselite. Der Titel Kaiser wurde beispielsweise für den preußischen König zur tatsächlichen Machtbezeichnung. Das Verlangen nach nationaler Interessenpolitik, vorgetragen von bürgerlichen Kräften, erzwang die Aufnahme weltpolitischer Aktivitäten und von Weltmachtpolitik. Die große Belastungsprobe, der Weltkrieg, wird im August 1914 schließlich als das einheitstiftende Ereignis verstanden, in dem die politischen und sozialen Differenzen überwunden werden und die Nation sich bewähren kann und muß. Im Bewußtsein der deutschen Öffentlichkeit ging es in ihm nicht um einen begrenzten militärischen oder politischen Erfolg, sondern um die Selbstbehauptung des Reiches, das seiner inneren Struktur nach als eigenständig verstanden wurde und das nun die Anerkennung der Welt forderte (Ideen von 1914).
In diesem Quellenheft soll anhand von Schlüsseldokumenten die wirtschaftliche, gesellschaftliche und politische Verfassung des deutschen Reiches von seiner Gründung 1871 bis zum Einschnitt des Ersten Weltkrieges skizziert werden. Die besondere Aufmerksamkeit gilt dabei problematischen Entwicklungen und den inneren Bruchlinien. Diese haben nämlich vielfach weitergewirkt und sich als Hypothek für die deutsche Geschichte erwiesen, als das Kaiserreich schon längst untergegangen war. Ohne ihre Kenntnis ist auch die deutsche Gegenwart kaum ganz zu verstehen.
Die Kapitel des Heftes sind in sich abgeschlossen und untergliedert. Sie können sowohl im Rahmen einer Gesamtinterpretation des Kaiserreiches als auch bei Längsschnitten oder vergleichenden Unterrichtsreihen jeweils einzeln im Rahmen der wirtschaftlichen, gesellschaftlichen oder politischen Geschichte herangezogen werden.

Zeittafel

1870/1871	Deutsch-Französischer Krieg
1871	Kaiserproklamation in Versailles
1873	Wirtschaftskrise
1873/74	Maigesetze: Vorschriften über die Ausbildung katholischer Geistlicher und kirchliche Disziplinargewalt – Gesetz über die obligatorische Zivilehe – Höhepunkt des Kulturkampfes
1875	Krieg-in-Sicht-Krise Vereinigung der von Ferdinand Lassalle ausgehenden sozialdemokratischen Bewegung mit den sog. Eisenachern unter August Bebel und Wilhelm Liebknecht zur Sozialistischen Arbeiterpartei Deutschlands in Gotha
1878	Berliner Kongreß „Gesetz gegen die gemeingefährlichen Bestrebungen der Sozialdemokratie" („Sozialistengesetz")
1879	Abschluß des Zweibundes mit Österreich-Ungarn
1881	Geheimes Neutralitätsabkommen zwischen Deutschland, Österreich-Ungarn und Rußland („Dreikaiserbündnis")
1882	Dreibundvertrag zwischen Deutschland, Österreich-Ungarn und Italien
1881–1889	Kranken-, Unfall-, Invaliditäts- und Altersversicherungsgesetze
1884/85	Gründung deutscher Kolonien in Südwestafrika, Kamerun, Togo, Ostafrika und auf Südseeinseln Kongokonferenz: Abgrenzung der Interessensphären der europäischen Mächte in Afrika
1887	Bismarck schließt ein geheimes Neutralitätsabkommen mit Rußland („Rückversicherungsvertrag").
1888	Tod Wilhelms I., dreimonatige Regierung Friedrichs III., Thronbesteigung Wilhelms II. („Dreikaiserjahr")
1889	Massenstreiks im Bergbau
1890	Entlassung Bismarcks als Reichskanzler und aus allen übrigen Ämtern; General Leo von Caprivi neuer Reichskanzler (–1894) Die Reichstagswahl macht eine Verlängerung des Sozialistengesetzes und eine Verschärfung des Kampfes gegen die Sozialdemokratie unmöglich. „Rückversicherungsvertrag" nicht erneuert
1891	Gründung des Alldeutschen Verbandes in Berlin
1895	Vollendung des Nord-Ostsee-Kanals
1897	Bernhard von Bülow wird Staatssekretär des Auswärtigen Amtes, Admiral von Tirpitz übernimmt das Reichsmarineamt – damit werden Vertreter der „Weltpolitik" Leiter von Reichsämtern, ohne daß der Reichskanzler Fürst Chlodwig von Hohenlohe-Schillingsfürst (1894–1900) abgelöst würde.
1898	Erstes Flottengesetz vom Reichstag angenommen Gründung des Deutschen Flottenvereins Deutschland erweitert seinen Kolonialbesitz: Kiautschou, Karolinen-, Marianen- und Palauinseln (1899)

1900	Zweites deutsches Flottengesetz („Risikogedanke")
	Bernhard von Bülow deutscher Reichskanzler (–1909)
1898–1901	Deutsch-britische Gespräche über eine Verständigung
1904	Entente cordiale: Verständigung zwischen England und Frankreich
1904/05	Russisch-japanischer Krieg
	Wilhelm II. schließt bei einer Begegnung mit dem Zaren in Björkö ein Verteidigungsbündnis ab.
1905/06	1. Marokkokrise: Besuch Wilhelms II. in Tanger (1905) und deutsches Bemühen auf der Konferenz von Algeciras, die britisch-französische Entente zu sprengen
1907	Britisch-russischer Interessenausgleich in Asien
	2. Haager Friedenskonferenz („Haager Landkriegsordnung")
1908	Neue deutsche Flottenvorlage
	Bosnische Krise
	Daily-Telegraph-Affäre: Kritik am „persönlichen Regiment" des Kaisers
1909	Von Bethmann Hollweg, der bisherige Staatssekretär des Innern, wird Reichskanzler (–1917)
	Reichsfinanzreform
1911	2. Marokkokrise: Deutschland entsendet das Kanonenboot „Panther" nach Agadir, um die französische Durchdringung von Marokko zu durchkreuzen.
1912	Reichstagswahl: die SPD wird stärkste Partei und verdoppelt ihre Abgeordnetenzahl (auf 110), Rückgang der Konservativen, Linksruck im Zentrum unter Matthias Erzberger
	Erfolglose Ausgleichsverhandlungen mit England
	Neue Flottenvorlage (Bauprogramm bis 1920: 25 aktive Großkampfschiffe, 16 in Reserve)
1913	Zabernzwischenfall: Interpellation des Reichstages, die der Erregung über die Verspottung der Elsässer durch einen Offizier folgt, bleibt wirkungslos.
	Verstärkung des Heeres um zwei Armeekorps auf 780000 Mann
1914	Deutsch-britische Verständigung über die Bagdadbahn
	Ermordung des österreichischen Thronfolgers Erzherzog Franz Ferdinand und seiner Frau („Julikrise")

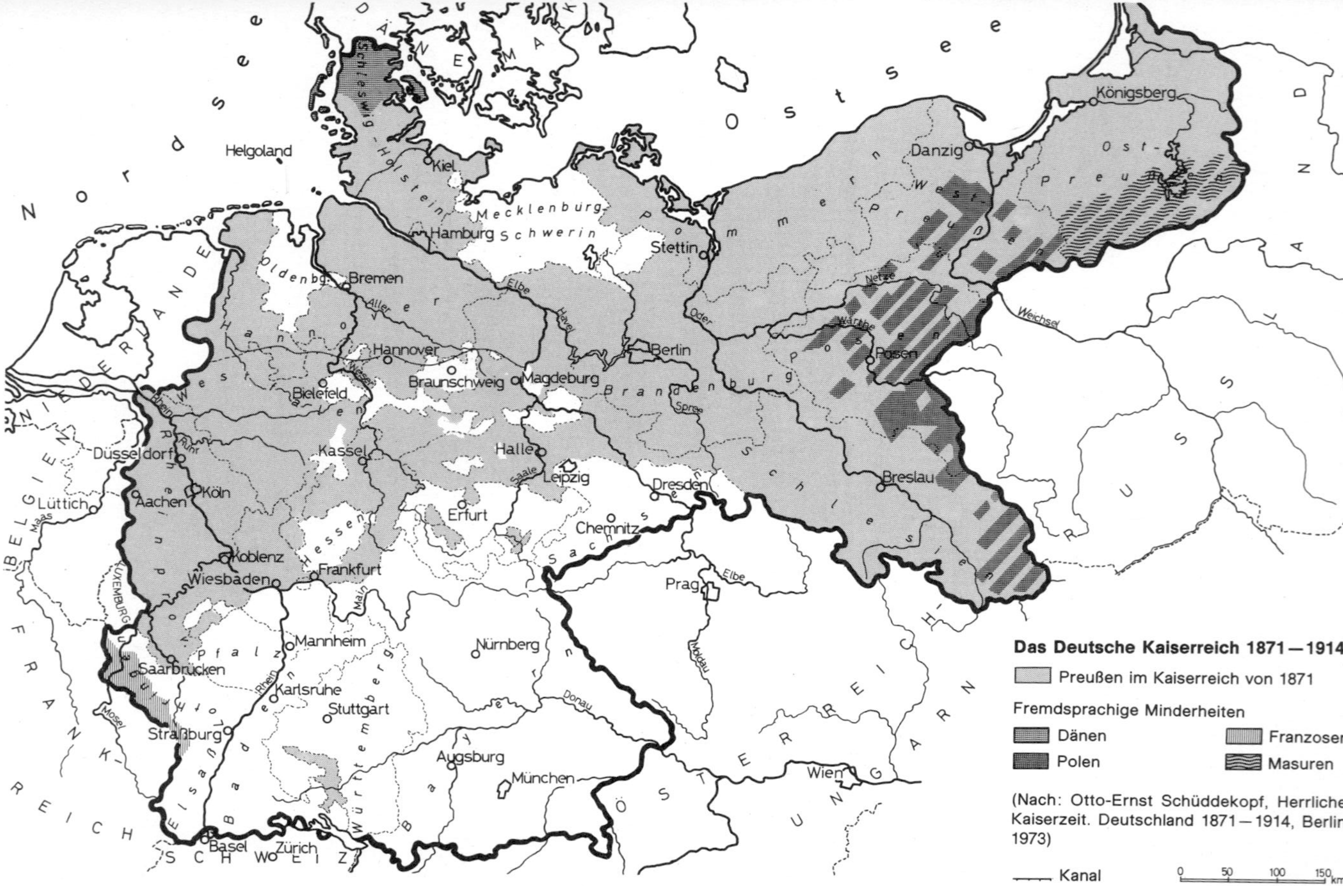
Das Deutsche Kaiserreich 1871 – 1914
Preußen im Kaiserreich von 1871
Fremdsprachige Minderheiten
Dänen
Polen
Franzosen
Masuren
(Nach: Otto-Ernst Schüddekopf, Herrliche Kaiserzeit. Deutschland 1871 – 1914, Berlin 1973)
Kanal
0 50 100 150 km
Nordsee
Ostsee
Helgoland
DÄNEMARK
Schleswig-Holstein
Kiel
Hamburg
Mecklenburg Schwerin
Pommern
Stettin
Danzig
Westpreußen
Königsberg
Ostpreußen
Oldenbg.
Bremen
Hannover
Westfalen
Bielefeld
Braunschweig
Magdeburg
Berlin
Brandenburg
Posen
Netze
Warthe
Weichsel
Oder
Elbe
Havel
Aller
Weser
Spree
Saale
Halle
Leipzig
Dresden
Sachsen
Chemnitz
Erfurt
Kassel
Hessen
Frankfurt
Main
Breslau
Schlesien
Rheinprovinz
Rhein
Ruhr
Düsseldorf
Köln
Aachen
Koblenz
Wiesbaden
Pfalz
Mannheim
Saarbrücken
Lothringen
Mosel
LUXEMBURG
Karlsruhe
Stuttgart
Baden
Württemberg
Elsaß
Straßburg
Basel
Zürich
SCHWEIZ
Bayern
Nürnberg
Augsburg
München
Donau
Prag
Moldau
Wien
ÖSTERREICH-UNGARN
RUSSLAND
NIEDERLANDE
BELGIEN
Lüttich
Maas
FRANKREICH

I. Die wirtschaftliche Entwicklung des deutschen Kaiserreiches

Die Unruhe, die Widersprüche, die starken Kontraste und die Gegenläufigkeit vieler Veränderungen, die das Kaiserreich kennzeichnen, haben ihren Ursprung in dem großen Tempo, mit dem in Deutschland nach der Reichsgründung die wirtschaftliche Entwicklung Westeuropas nach- und aufgeholt wurde. Die Wirtschaft wuchs bei nur leichten krisenhaften Einbrüchen in beträchtlichen Raten. Industrie, Handel und Verkehr, getragen von Innovations- und Expansionsschüben, brachten Deutschland an die Spitze der Industrienationen. Naturwissenschaft und Technik setzten neue Maßstäbe. Im Gefolge dieser Vorgänge ballte sich die Bevölkerung in den Städten der Industriezentren. Die Überschußbevölkerung der vorwiegend landwirtschaftlichen Gebiete wurde von ihnen aufgesogen. Gleichzeitig geriet die Einkommens- und Beschäftigungsstruktur der Bevölkerung in Bewegung.
Es ist umstritten, inwieweit sich in diesen Entwicklungen ein sozio-kultureller Sonderweg Deutschlands niederschlug oder ob ein allgemeiner wirtschaftlicher Entwicklungsprozeß als primär bestimmend angesehen werden kann.

1. Das Wachstum der Wirtschaft

Deutschlands Sieg im Bereich der Industrie. Die Wirtschaftsentwicklung des Kaiserreiches aus französischer Sicht. Die deutsche Wirtschaftsrivalität wurde in Frankreich stärker als in England empfunden. Frankreichs wirtschaftliche Expansion war wesentlich geringer und sein Außenhandel sah sich in Kontinentaleuropa der deutschen Konkurrenz gegenüber. 1

Das arme Deutschland, das 1870 auf der ökonomischen Landkarte kaum mehr als ein weißer Fleck war, ist in wenig mehr als 40 Jahren zu einer der großen Weltmächte aufgestiegen; es ist ihnen gelungen... nach dem Sieg auf dem Schlachtfeld, im industriellen Bereich zu kämpfen und zu siegen. Das ist ein Phänomen, das die eingehende Beachtung durch führende Persönlichkeiten aus Industrie und Handel herausforderte. Am Vorabend des Krieges [1914] nahm das Reich mit einem Außenhandelsvolumen von 25 Milliarden [Francs][1] nach England die zweite Stelle unter den Handelsstaaten der Erde ein. Es war zum zweitgrößten Erzeuger von Roheisen und Eisen geworden und übertraf damit sogar England, während es in der Weltstahlproduktion ebenfalls an zweiter Stelle stand. Seine Handelsflotte, die 1870 noch kleiner als die unsrige war, wurde 1913 lediglich von der englischen und amerikanischen übertroffen...
Zur Zeit des innenpolitischen Konflikts von 1894–1901 über das Problem

[1] Ein französischer Franc entsprach etwa 0,75 Reichsmark.

der Kanäle[2] wurde darüber diskutiert, ob im Reiche die Mehrzahl der Berufe und Interessen schon industriell und kommerziell oder noch landwirtschaftlich seien. Die Tatsachen jedoch geben eine klare Antwort. Der jährliche Verbrauch von Roheisen pro Kopf der Bevölkerung betrug 1893 weniger als 99 Kilogramm; 1899 erreicht(e) er 155 Kilogramm; der Steinkohleverbrauch stieg von 1940 auf 2740 Kilogramm an. Im selben Zeitraum stieg die Roheisen- und Eisenproduktion von weniger als 5 Millionen auf mehr als 8 Millionen Tonnen an, und die Kohleproduktion steigerte sich von 95 auf 136 Millionen Tonnen. Deutschlands Schicksal wurde in diesen sechs Jahren von einem so starken Produktionszuwachs bestimmt, daß es hiervon krank zu sein schien und unausweichlich in die schwere Krise von 1901 steuerte.

In diesen sechs Jahren vollzog sich in Deutschland endgültig der Übergang vom Agrarstaat zum Industriestaat. Zu Beginn des 20. Jahrhunderts lebten von 67 Millionen Deutschen kaum 17 Millionen von der Landwirtschaft. Jedes Jahr kehrten zahllose Bauern dem Lande den Rücken und strömten in die riesigen Fabriken. Die Städte wuchsen ganz im amerikanischen Tempo, und 45 davon hatten bereits in jener Zeit mehr als 100000 Einwohner, ganze Armeen von Arbeitern stellten sich unter das Kommando der Industriekapitäne – 15000 bei Mannesmann, mehr als 30000 bei Thyssen und 73000 in den verschiedenen Werken Krupps.

Das bis dahin arme Deutschland wurde mit einem Schlag reich. Sein Gesamteinkommen wurde 1895 auf 21 Milliarden Mark geschätzt; 1913 bewegten sich die Schätzungen zwischen 40 und 50 Milliarden, und das deutsche Volksvermögen wurde auf jetzt 320 Milliarden Mark taxiert; davon waren fast $9\frac{1}{2}$ Milliarden in den Banken und 18 Milliarden in den Sparkassen deponiert.

Dieses gewaltige Anwachsen des Wohlstands wurde auch für den kurzsichtigen Beobachter an zahlreichen Anzeichen sichtbar. Wenn das Adjektiv „kolossal!"die ihm heute eigene große Bedeutung in der deutschen Sprache erhalten hat, so liegt das an der Tatsache, daß die Entwürfe der Deutschen kolossal geworden waren, während ihre Ausführungen ultraschnell vonstatten ging...

Unsere Perspektive ist begrenzt und kleinlich; wir entwerfen nur die nächste Zukunft; wir sehen nur zehn, maximal zwanzig Jahre voraus; wir scheinen mit einer Art ökonomischer Kurzsichtigkeit behaftet zu sein. Die Deutschen dagegen haben von 1880 bis 1913 in einer breiten und weitsichtigen Weise vorausgeblickt. Wenn sie ein Postamt, einen Bahnhof oder eine Schule errichteten, so zogen sie nicht nur die Erfordernisse des Augenblicks in Betracht, sondern planten gemäß den möglichen Bedürfnissen von fünfzig Jahren später. Als sie eine Schleuse in Bremerhaven bauten, errichteten sie sie in einer

---

[2] Gemeint ist wohl vor allem die Auseinandersetzung um den Bau des Mittellandkanals, den die agrarischen Interessenvertreter im Osten Deutschlands als industriefreundliche Bedrohung ihrer wirtschaftlichen und sozialen Stellung nicht ohne Erfolg bekämpften (Höhepunkt 1899–1901).

Länge von 222 m; das war länger als irgendein großes Schiff der damaligen Zeit, und es bedurfte des ungeheuren Kapazitätenzuwachses der Transatlantikschiffe, um die deutsche Kühnheit bei diesem Projekt nicht zu einem Irrtum werden zu lassen... Als sie den Hamburger Hafen zu vergrößern hatten, leisteten sie kein Flickwerk und gingen keineswegs kleinlich vor. Spitzhake und Dynamit ließen ganze Stücke Land verschwinden, um Raum für die Hafenbecken zu schaffen; sie führten ihre Pläne so effektiv durch, daß der Besucher nach einer Spanne von einigen Jahren Mühe hatte, die alte Hansestadt wiederzuerkennen.

H. Hauser, Les méthodes allemandes d'expansion Economique, Paris 1915, S. 1–6, zitiert nach: Deutsche Sozialgeschichte. Dokumente und Skizzen, Bd. II: 1870–1914, hg. von Gerhard A. Ritter und Jürgen Kocka, München 1974, S. 17 ff.

Der Aufschwung der Wirtschaft in Zahlen 2

a) Entwicklung der Wertschöpfung 1870–1913
(Angaben in Millionen Mark in Preisen von 1913)

Jahr	Landwirtschaft, Forsten, Fischerei	Bergbau und Salinen	Industrie und Handwerk	Verkehr	Handel, Banken, Versicherungen, Gaststätten
1870	5738	255	3742	280	1082
1880	6427	455	5194	506	1437
1890	7732	674	7941	878	1982
1900	9924	1049	12220	1576	2881
1910	10625	1530	17016	2621	3953
1913	11270	1903	19902	3146	4415

Jahr	Häusliche Dienste	sonstige Dienstleistungen	Verteidigung	Wohnungen außer Landwirtschaft	insgesamt (Volkseinkommen)
1870	1014		160	488	14169
1880	1027	1694	174	765	17679
1890	1054	2074	203	1051	23589
1900	1038	2685	252	1544	33169
1910	1080	3651	272	2233	42981
1913	1061	4000	346	2437	48480

Anmerkung: Die Wertschöpfung der Wirtschaftsbereiche und die Summe der Beiträge machen das Nettoinlandsprodukt zu Faktorkosten aus; sie werden auch „Volkseinkommen" oder „Nettosozialprodukt zu Faktorkosten" genannt.

Zusammengestellt nach: Sozialgeschichtliches Arbeitsbuch. Materialien zur Statistik des Kaiserreiches 1870–1914, hg. von Gerd Hohorst / Jürgen Kocka / Gerhard A. Ritter, München 1975, S. 88 f.

b) Die deutsche Roheisenproduktion 1880–1910 im Weltvergleich (Angaben in t). Die Roheisenproduktion galt vor dem Ersten Weltkrieg als wichtiger Indikator für die Stärke einer Volkswirtschaft.

	1880	1890	1900	1910
Vereinigte Staaten von Amerika	3896554	9349943	14009624	27742000
Großbritannien	7800266	8030374	9052107	10173000
Deutschland mit Luxemburg	2729038	4658451	8520390	14794000
Frankreich	1725293	1962196	2699494	4033000
Belgien	624302	829542	1018507	1852000
Österreich-Ungarn	750134	945775	1475000	2056000
Rußland	448411	926482	2925000	3040000
Schweden	382108	489887	526868	604000
Weltproduktion	18484205	27460996	40836775	65853000

Werner Sombart, Die deutsche Volkswirtschaft im 19. Jahrhundert, 3. Aufl., Berlin 1913, S. 496

c) Entwicklung des Personen- und Güterverkehrs auf den vollspurigen deutschen Eisenbahnen 1870–1913

Jahr	Millionen	
	Personen-kilometer	Tonnen-kilometer
1870	4447	5876
1875	5994	10625
1880	6479	13039
1885	7934	15965
1890	11224	22237
1895	13917	25116
1900	20062	34699
1905	25632	41936
1910	35410	51815
1913	41210	61744

Sozialgeschichtliches Arbeitsbuch, hg. von Gerd Hohorst / Jürgen Kocka / Gerhard A. Ritter, S. 82

3 Wachstum am Beispiel einer Zeche

Zeche Neumühl liegt in Hamborn, einem Orte an der Mündung der Emscher in den Rhein. Hamborn setzt sich aus einigen Bauernschaften zusammen, deren eine, die an die Orte Sterkrade, Oberhausen und Meiderich grenzt, Neumühl hieß. Hamborn hatte im Jahre 1890 zirka 8000 Einwohner. Zu dieser Zeit begann der Großindustrielle August Thyssen in der Gemeinde die Schächte Deutscher Kaiser abzuteufen und erbaute das Hüttenwerk gleichen Namens. Die Familie Haniel errichtete von 1893 an die Schachtanlage Neumühl. Die Bauten zogen riesige Arbeitermengen heran. Im Jahre 1900 war die Einwohnerzahl bereits auf 33000 gestiegen, dann aber nahm sie jedes

Jahr um zirka 10000 zu, bis mit der Erreichung der 150000 diese wilde Entwicklung abschloß.

Ein Muster dieser amerikanischen Entwicklung war die Zeche Neumühl. Im Jahre 1893 begann mit 28 Arbeitern das Abteufen. Die Zeche hatte 1895 69, 1900 1872, 1902 3520 und 1904 schon 4895 Mann Belegschaft. Mit zirka 5500 Mann war sie dann auf dem Höhepunkt. War Stock und Scherenberg mit zirka 400 Arbeitern ziemlich die kleinste Zeche im Ruhrrevier, so war Neumühl die größte. Eine solche Mammutanlage wie Neumühl ist in Deutschland wahrscheinlich nur einmal erreicht worden. Auf nur einer Doppelschachtanlage mit zwei Doppelschächten wurden zirka 5500 Menschen beschäftigt.

Die Zeche stand außerhalb des Syndikats[3], konnte daher ungehindert durch die Quotenbeschränkung fördern und stellte jeden ein, der Arbeit haben wollte. Die Anlage förderte 1903/04 im Durchschnitt pro Tag 9100 bis 9200 Förderwagen zu je 12 Zentner. Die Förderziffern betrugen pro Jahr:

1897	19 854 t	1901	787 910 t
1898	57 081 t	1902	1 070 792 t
1899	221 483 t	1903	1 476 043 t
1900	477 514 t	1904	1 641 470 t

Der Betrieb raste!

Aber auch die Belegschaft zeigte deutlich den Stempel der hypertrophischen Entwicklung. Als im Jahre 1904 an einem Tage die Zusammensetzung der Belegschaft festgestellt wurde, setzte sie sich aus 3108 Deutschen, von denen 1340 aus den östlichen Provinzen stammten und polnisch als Muttersprache redeten, ferner aus 1095 Österreichern aus Krain und Steiermark, Slovener oder Cuditsche genannt, aus 240 Holländern, 156 Italienern, 53 Russen, 33 Belgiern und 4 sonstigen Ausländern zusammen. Aber diese Zahlen sind noch nicht das Entscheidende für die Beurteilung des Geistes der Belegschaft. Wenn solche Menschenmengen in kurzer Zeit zusammenkommen, drängen sich auch alle jene an diese Stelle hin, die aus irgendeinem Grunde untertauchen wollen, und Neumühl gab jedem Arbeit. So beschäftigte die Zeche mehr ehemalige Zuchthäusler als in einem großen Zuchthaus untergebracht sind.

Georg Werner, Ein Kumpel erzählt. Erzählungen aus dem Leben der Bergarbeiter, Berlin 1929, S. 123

[3] Gemeint ist das 1893 gegründete „Rheinisch-Westfälische Kohlensyndikat".

2. Die Veränderung der deutschen Wirtschaftsstruktur

4 Daten zur Erwerbstätigkeit

a) Die Erwerbstätigen und ihre Angehörigen nach Wirtschaftssektoren

	Land- und Forstwirtschaft			Industrie, Bergbau, Handwerk			Handel und Verkehr		
	Mio.	%	davon weibl. %	Mio.	%	davon weibl. %	Mio.	%	davon weibl. %
1882	18,8	41,6	30,8	15,8	34,8	17,6	4,2	9,4	19,0
1895	18,1	35,0	33,2	19,9	38,5	18,4	5,7	11,0	24,8
1907	17,5	28,4	46,5	26,1	42,2	18,7	7,9	12,9	26,8

Die Restwerte entfallen auf: Häusliche Dienste, Verwaltung, Militär, freie Berufe, Berufslose und Rentenbezieher. Der Anteil der Frauen bezieht sich jeweils auf die Erwerbstätigen.

Sozialgeschichtliches Arbeitsbuch, hg. von Gerd Hohorst / Jürgen Kocka / Gerhard A. Ritter, S. 66

b) Die Erwerbstätigen und ihre Angehörigen nach der Stellung im Beruf

	Selbständige			Lohnarbeiter			Angestellte		
	Mio.	%	davon weibl. %	Mio.	%	davon weibl. %	Mio.	%	davon weibl. %
1882	5,19	32,0	19,4	10,7	66,1	27,5	0,31	1,9	3,7
1907	5,49	22,3	19,0	17,8	72,5	36,0	1,29	5,2	12,4

Ebenda, S. 67

5 Die gewerbliche Gütererzeugung gerät in den Sog des Kapitalismus

Bis um die Mitte des neunzehnten Jahrhunderts war... das Eroberungsgebiet des gewerblichen Kapitalismus nicht wesentlich gegen früher erweitert worden. Es waren im wesentlichen die Montanindustrie, einige Zweige der Textilindustrie und die meisten Luxusindustrien, in denen der Kapitalismus Boden gefaßt hatte. Dann um die Mitte des Jahrhunderts begannen die letzten Reste der Textilindustrie seinem Angriff zu weichen. Bis zum Ende der 1860er Jahre wurde auch das wichtigste Gewerbe der Wollweberei dem Handwerk entzogen. Aber der stürmische Vormarsch des Kapitalismus gegen das gesamte Gebiet des Handwerks setzt doch erst recht gegen Ende der 1870er und in den 1880er Jahren ein. Und man darf getrost sagen, daß in den letzten beiden Jahrzehnten mehr handwerksmäßige Organisation auch in der Sphäre der gewerblichen Gütererzeugung vernichtet worden ist als in den voraufgegangenen beiden Jahrhunderten.

...in vielen Fällen ist an der Art und Weise, wie die Gütererzeugung und der Güterabsatz sich vollziehen, so gut wie nichts geändert, und doch müssen wir feststellen, daß das Kapital mit einem Fuße wenigstens bereits in dem ehemaligen Produktionsgebiet des Handwerks steht. Das sind diejenigen Fälle, die ich als *Fälle indirekter Abhängigkeit vom Kapital* bezeichnet habe. Sie liegen vor, wenn der Kapitalist den Handwerker, zu dem er sonst keine Beziehung hat, nur dadurch ausbeutet, daß er ihn, den Produzenten, seine Erzeugnisse zu Schleuderpreisen an ihn, den Geldbesitzer, der alsdann meist Händler ist, abzusetzen zwingt; oder aber, wenn der Handwerker in eine Art von Schuldknechtschaft zu einem Gelddarleiher gerät, der ihm die Mittel zur Daseinsfristung oder zur Ausübung seiner Tätigkeit vorschießt. In beiden Fällen bleibt der Handwerker „selbständiger Meister", wird auch von der Statistik und von oberflächlichen Beobachtern als solcher gewertet: in Wirklichkeit ist er kapitalhörig geworden...

In derartige Abhängigkeit vom Kapital sind nun heute zahlreiche Handwerker geraten, namentlich unter den Bäckern, Bauhandwerkern und Möbeltischlern.

...der Kapitalist kann schon völlig zum Unternehmer geworden sein, das heißt, er kann die Leitung der Produktion und des Absatzes bereits ganz in seine Hand genommen haben, kann dem technischen Arbeiter, der nun ganz nach seinen Ansichten, nach seinen Angaben produziert, alles vorschießen, was dieser zum Leben wie zur Arbeit braucht: und doch kann dieser abhängige Arbeiter immer noch den Anschein eines selbständigen Gewerbetreibenden bewahren, kann als Vertreter eines altehrwürdigen Handwerks von der Statistik verzeichnet worden sein, weil er in der Tat noch einem selbständigen Handwerksbetriebe vorsteht. Er ist dies der Fall, wenn der Kapitalismus in der *Form des Verlages oder der Hausindustrie* ein Gebiet gewerblicher Produktion erobert.

Hauptbeispiel: die Bekleidungsindustrien, namentlich die Schneiderei. In diesen Gewerben werden die einzelnen Arbeiter in ihrer Wohnung oder Werkstatt vom Unternehmer belassen, erhalten von einer Zentrale aus bestimmte Aufträge, meist auch werden ihnen die schon vorgearbeiteten Rohstoffe – den Schneidern und Schneiderinnen also die zugeschnittenen Wäschestücke – geliefert.

Werner Sombart, Die deutsche Volkswirtschaft im 19. Jahrhundert, S. 283 f.

Ingenieure verdrängen Meister und Handwerkskunst 6

Die früheren Maschinenfabriken boten keine brauchbaren Vorbilder[4]. Die Ausführung in den Werkstäten erfolgte in ihnen fast nur nach den Angaben und den besonderen Erfahrungen der Werkmeister, die oft auch als Konstrukteure auftraten. Die Fabrikleiter waren selten Ingenieure, manchmal Kaufleute oder Finanzleute, die eine Fabrik auf dem Halse behielten und mit dem geringsten Aufwand von Geld und geistigem Kapital weiterführten.

[4] Gemeint sind die Maschinenfabriken in der ersten Industrialisierungsphase, also bis in die 1870er z. T. auch 1880er Jahre, die für Emil Rathenau, den Gründer der AEG, in den 1880er Jahren kein Vorbild darstellten.

Die Werkstättenleiter entschieden auch über Konstruktionen, gelegentlich arbeiteten sie ohne Zeichnung nach eigenem Willen oder änderten die Konstruktionen nach ihren Erfahrungen und Gepflogenheiten. Betriebsingenieure gab es nicht, oder sie waren nur eine andere Form von Werkmeistern. Wissenschaftliche Einsicht, mit Erfahrung vereint, hatte in der Leitung noch keinen Einfluß, die „Meisterwirtschaft" war bis in die achtziger Jahre die Regel; Ingenieurleitung drang nur allmählich vor, zuerst in der elektrotechnischen Großindustrie.
Das Ansehen der Maschineningenieure war damals sehr gering. Die Bauingenieure vom Staatsdienst trugen gemeinsam mit den Juristen dazu bei, daß die Maschineningenieure in weiten Kreisen für „bessere Schlosser" gehalten wurden. Der Verein deutscher Ingenieure wurde damals in einzelnen Städten von leitenden Persönlichkeiten der Industrie gemieden und als „Maschinistenverein" angesehen. Noch vor zwei Jahrzehnten wurden Fachvorträge überwiegend oder wenigstens zuerst in den „vornehmen" Vereinen gehalten, als welche beispielsweise in Berlin der amtlich aussehende Gewerbefleißverein, in anderen Städten die Architekten- und Bauingenieurvereine galten. Schlechtbezahlte, schmächtige Zeichner, ohne Berührung mit dem Betriebe, und selbstherrliche Werkmeister mit dem Zollstab im Stiefelschaft können als Symbole dieser Zeit angesehen werden.
Trotz dieser unleidlichen Verhältnisse haben die Technischen Hochschulen Großes geleistet, und die von ihnen herangebildeten Ingenieure haben die große Umwälzung geschaffen. Maschinen bauen können viele, Erfahrung allein genügt dazu in vielen Fällen; Maschinen bauen und Betriebe durchführen mit geringsten Kosten und höchsten Betriebsvorteilen, das ist Aufgabe und Leistung der wissenschaftlich denkenden Ingenieure. Sie können auf gewaltige Leistungen zurückblicken, und noch größere Aufgaben stehen ihnen bevor.

Alois Riedler, Emil Rathenau und das Werden der Großwirtschaft, Berlin 1916, S. 114ff.

7 Großbetriebe organisieren die Massenproduktion

Alle Verhältnisse werden vom Gedanken der Organisation, das ist der Regelung der Menge, durchdrungen. Es wird ein Stolz des Menschen, in großen Betrieben zu stehen, in weite Verbindungen hineingezogen zu sein. Oft ist dieser Stolz noch gemischt mit einem schmerzlichen Rückblick auf Zeiten, wo der einzelne für sich etwas war. Aber was hilft es? Selbst der Landmann beginnt sich zu organisieren. Alle fühlen, daß sie gemeinsam ihre Geschäfte machen müssen, daß auf Vereinzelung wirtschaftliche Todesstrafe gesetzt ist...
Das heißt aber mit anderen Worten: die Wirtschaftsleitung wird den Produzenten aus der Hand genommen und geht teils in die Verbände, teils an den Staat über. Die Zahl der wirtschaftlich leitenden Personen wird immer kleiner. Oft ist die Leitung nur noch ein Schein. Ein kleiner Kaufmann muß trotz

formaler Freiheit genau das tun, was seine Verkaufsstelle von ihm fordert. Er zahlt die Miete, die in seiner Straße üblich ist, führt die Waren, die von den Verbänden der Fabrikanten oder von seinem Verkaufsverein normiert sind, nähert sich im Grade seiner Selbständigkeit langsam der Lage der Angestellten der Konsumvereine. Der Tierzüchter muß marktgängige Ware liefern und findet deren Preis in der Zeitung. Es verbreitet sich ein Gesetz der Gebundenheit an ein dunkles Ganzes, das uns alle umfängt. Nicht als ob sich nicht besondere Talente der Bindung entziehen könnten, aber für den Durchschnittsmenschen sind die Existenzbedingungen festgelegt. Er kann sie als Glied seiner Gruppe zu verbessern suchen, aber nicht als persönliches Ich. Deshalb zahlt er Beiträge für seine Gruppenvertretung.

Friedrich Naumann, Neudeutsche Wirtschaftspolitik, in: Ders., Werke, Bd. 3, hg. von Th. Schieder, bearb. von W. J. Mommsen, Köln/Opladen 1966, S. 104 f.

Verteilung der Gewerbetreibenden auf die Betriebsgröße. Die Durchsetzung von Großbetrieben hatte einen wesentlichen Anteil an der Verbreitung von Massenproduktion und gewerkschaftlicher Organisation. 8

Im Deutschen Reich waren durchschnittlich beschäftigt in Betrieben mit ... Personen

	Alleinbetriebe	2-5	6-10	11-50	51-200	200-1000	über 1000
1882	1430465	1839939	358457	750309	704309	644819	205003
1895	1237349	1953776	572473	1329500	1362881	1114238	430286
1907	1094921	2105361	717758	1996906	2181735	1876887	879305
in %	bis 5 Beschäftigte		6-50		über 50		
1882	55,1		18,6		26,3		
1895	39,9		23,8		36,3		
1907	29,5		25,0		45,5		

Werner Sombart, Die deutsche Volkswirtschaft im 19. Jahrhundert, S. 505

Modernisierung und Ertragssteigerung in der Landwirtschaft. Die Landwirtschaft fiel zwar nach ihrem Anteil an der Wertschöpfung und dem Prozentsatz der in ihr Beschäftigten zurück, aber für die Gesamtwirtschaft war es von erheblicher Bedeutung, daß auch in diesem Bereich eine erhebliche Modernisierung und Produktionssteigerung stattfand. 9

a) Einführung von Maschinen in landwirtschaftlichen Betrieben (Gesamtzahl der betriebenen Maschinen)

	1882	1895	1907
Gewöhnliche Dreschmaschinen	268367	596869	947003
Dampfdreschmaschinen	75690	259364	488867
Drill- und Sämaschinen	63842	169465	290039
Mähmaschinen	19634	35084	301325
Düngerstreumaschinen	-	18649	-
Dampfpflüge	836	1696	2995

Abb. 1: Bodenbearbeitung mit den neuesten landwirtschaftlichen Geräten. Anzeige der Firma R. Sack aus dem Jahr 1911

b) Steigerung der Ackerproduktion und der Erntemengen pro Anbaufläche

	Im Durchschnitt der Jahre 1883-87			Im Durchschnitt der Jahre 1909-13		
	Anbaufläche ha	Erntemenge t	Ertrag pro ha dz	Anbaufläche ha	Erntemenge t	Ertrag pro ha dz
Roggen	5830200	5867800	10,0	6227104	11309275	18,2
Weizen	1918000	2585200	13,4	1929668	4140028	21,5
Sommergerste	1737700	2232800	12,8	1609126	3342739	20,8
Kartoffeln	2912800	25459200	87,4	3339048	45775897	137,1
Hafer	3785000	4291000	11,3	4350534	8592888	19,8
Wiesenheu	5905100	16874600	28,5	5940503	25446644	42,8

c) Entwicklung der Viehhaltung

	Zähltag 10. Januar 1883	2. Dezember 1912
Pferde	3522545	4523059
Rindvieh	15786764	20182021
Schafe	19189715	5803445
Schweine	9206195	21923707
Federvieh	64453171	82702030

Anmerkung: Bei Federvieh liegen für die Zählung 1883 keine Angaben vor; hier sind die Ergebnisse der Zählung vom 1. Dezember 1900 eingesetzt worden.

a)–c): Karl Helfferich, Deutschlands Volkswohlstand 1886–1913, 5. Aufl., Berlin 1915, S. 50–53

Bedeutung und Gestalt des deutschen Außenhandels. In der Ausweitung des Außenhandels sahen Wirtschaftstheoretiker die wichtigste Voraussetzung zur Steigerung der wirtschaftlichen Produktion. Der Expansion des Binnenmarktes wurden geringere Chancen eingeräumt. Da Deutschland in die Reihe der großen Industriestaaten einrückte, schienen sich die Exportmöglichkeiten zu vervielfältigen. Es wurden aber auch neue Methoden der Exportförderung notwendig. **10**

a) Der Außenhandel der Großmächte und dessen regionale Verteilung 1913

	Export		Import		Außenhandel	
	Mrd. Dollar	Anteil (Prozent)	Mrd. Dollar	Anteil (Prozent)	Mrd. Dollar	Anteil (Prozent)
Großbritannien	2,6	14	3,2	16	5,8	15
USA	2,4	13	1,8	9	4,2	11
Deutschland	2,4	13	2,6	13	5,0	13
Frankreich	1,3	7	1,6	8	3,0	8

	Export nach (Prozent)			Import aus (Prozent)		
	Europa	Nordamerika	anderen Kontinenten	Europa	Nordamerika	anderen Kontinenten
Großbritannien	35	10	55	44	24	32
USA	60	17	23	48	8	44
Deutschland	75	8	17	54	17	29
Frankreich	70	7	23	53	11	36

Anmerkung: Die Angaben über Anteile an der Gesamtgröße des Welthandels beziehen sich auf einen notierten Welthandel von 37,8 Mrd. Dollar, d. h. auf etwa 97 % des Gesamtvolumens. Die regionale Verteilung wird in % angegeben.

Gerd Hardach, Der Erste Weltkrieg (Geschichte der Weltwirtschaft im 20. Jahrhundert, Bd. 2), München 1973, S. 12

b) Auslandsanlagen der Industriestaaten und ihre Schuldner 1913/14

Gläubiger	Mrd. Dollar	Schuldner	Mrd. Dollar
Großbritannien	18,0	Europa	12,0
Frankreich	9,0	USA und Kanada	10,5
Deutschland	5,8	Lateinamerika	8,5
USA	3,5	Asien	6,0
Belgien, Niederlande, Schweiz	5,5	Afrika	4,7
Andere Länder	2,2	Australien	2,3
	44,0		44,0

Anmerkung: Es sind die Bruttozahlen angegeben; z.B. waren die USA Gläubiger mit 3,5 Mrd. Dollar und Schuldner mit 6,8 Mrd. Dollar.

Ebenda, S. 13

11 Exportförderung durch Auslandskredite

Die gewaltige Verschiebung in der wirtschaftlichen Struktur unseres Vaterlandes... hat es mit sich gebracht, daß für Deutschland die Bedeutung des ausländischen Marktes und überhaupt der allgemeinen wirtschaftlichen Beziehungen zu dem Auslande gegen frühere Jahre wesentlich gestiegen ist... ...Seitdem Deutschland, von der Mitte des vorigen Jahrhunderts ab, angefangen hatte, langsam seine Industrie zu entwickeln, setzte im letzten Jahrzehnt des 19. Jahrhunderts sein großer industrieller Aufschwung mit einer fast explosionsartigen Kraft ein. Nicht nur, daß die starke Volksvermehrung, die die Heimat bis Ende der 80er Jahre nicht unterzubringen vermochte, und der daher eine starke Auswanderung gegenüberstand, völlige Unterkunft im Inland fand: die inländische Industrie war vielmehr so hungrig auf Menschen geworden, daß Deutschland aus einem Auswanderungsland in hohem Grade ein Einwanderungsland wurde...

Die deutsche Industrie hat diese ungeheure Ausdehnung nur dadurch gewinnen können, daß sie sich auf ein ausgezeichnetes Menschenmaterial, für das wissenschaftliche Schulung und Disziplin charakteristisch waren, stützen konnte; andererseits hatten die großen Fähigkeiten der deutschen Exporteure und Handelsagenturen es ihr ermöglicht, sich den auswärtigen Bedürfnissen sehr schnell anzupassen und im Ausland gegenüber dem älteren Besitzstand der anderen Länder, namentlich Englands, erhebliche eigene Absatzgebiete zu erringen.

Die Möglichkeit, diese Absatzgebiete zu verteidigen und auszudehnen, hängt nun nicht lediglich von der Güte und dem Preise der deutschen Waren und der Geschicklichkeit der Vermittler, also insbesondere des deutschen Exporthandels ab. Die Ausfuhr geht vielmehr, wenn wir von einigen westeuropäischen Staaten, wie z.B. England und Frankreich absehen, meistens in Länder, die nicht in der Lage sind, die deutschen Waren ohne weiteres zu bezahlen. Dem Heimatlande liegt es daher ob, diese Ausfuhr zu finanzieren,

d. h. den Ländern, die die Waren aufnehmen, die Mittel zur Bezahlung derselben zu leihen. In früheren Jahren... war es vielfach möglich gewesen, die Finanzierung fremden Ländern zu überlassen, während die industriellen Lieferungen Deutschland zufielen. So hat es nicht unerhebliche südamerikanische und osteuropäische Anleihen gegeben, die in Frankreich und England untergebracht wurden, und deren Erlös jedenfalls zum Teil zu Aufträgen an die deutsche Industrie, insbesondere auch zur Bestellung von Kriegsmaterial, verwendet wurde. Heute sind derartige Kombinationen, bei denen Deutschland als Warenlieferant, ein anderes Land lediglich als Bankier auftritt, sehr erschwert worden. Infolge der Agitation der heimischen Industrien und des hierdurch hervorgerufenen Druckes seitens der Regierungen und der öffentlichen Meinung, ferner auch infolge der Gewinnbeteiligung, die die Industrie den Banken gibt, die ihre großen Lieferungen finanzieren, pflegen heute Anleihen, deren Erlös zu industriellen Zwecken bestimmt ist, von Finanzkonsortien in der Regel nur dann übernommen zu werden, wenn die industriellen Aufträge den Ländern, in denen die Anleihen zu emittieren sind, zufließen. Deutschland ist daher heute in höherem Maße als früher in die Notwendigkeit versetzt, seine industrielle Ausfuhr in die Länder, die ihre Wareneinfuhr nicht ohne weiteres bezahlen können, selbst zu finanzieren...
Unsere Finanzkraft wird also – und zwar vermutlich in einem immer steigenden Maße – dazu dienen müssen, den kapitalsuchenden Ländern, auf deren Märkte unsere Industrie angewiesen ist, die für den Einkauf ihrer Waren nötigen Mittel zu einem nicht unwesentlichen Teile zur Verfügung zu stellen; sonst wird unsere Industrie zurückgehen, und wir werden nach dem schon oft gebrauchten Worte wieder gezwungen sein, anstatt Waren Menschen zu exportieren.

Carl Melchior, Deutsche Kapitalinteressen im Ausland, in: Bank-Archiv. Zeitschrift für Bank- und Börsenwesen, XIII. Jg., Berlin, 15. Mai 1914

12

Die deutsche Überseeauswanderung im europäischen Vergleich 1861–1920 (Angaben in Tausend für die jeweiligen Jahrzehnte). Der „Warenexport" nahm um die Jahrhundertwende einen solchen Umfang an, daß der „Menschenexport", wie die Überseeauswanderung zeitgenössisch genannt wurde, stark zurückging. Statt eines Überangebots an Arbeitskräften gab es nun einen Arbeitskräftemangel vor allem in den vorwiegend landwirtschaftlichen Ostgebieten, die für einheimische Arbeitskräfte wenig attraktiv waren.

Herkunftsland	1861/1870	1871/1880	1881/1890	1891/1900	1900/1910
Deutschland	779	626	1342	527	274
Frankreich	36	66	119	51	53
Großbritannien	1572	1849	3259	2149	3150
Italien	27	168	992	1580	3615
Österreich-Ungarn	40	46	248	440	1111
Spanien	7	13	572	791	1091

Carlo M. Cipolla (Hg.), The Fontana Economic History of Europe, The Emergence of Industrial Societies, Part Two, London 1973, S. 751

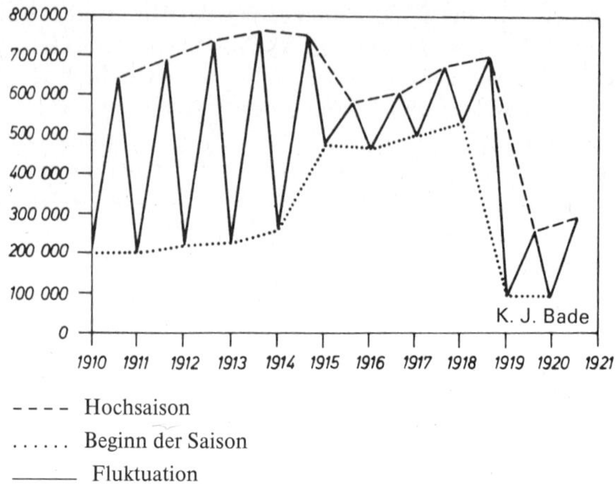

Abb. 2: Die jährliche Fluktuation der Zuwanderung (Gastarbeiter) über die preußisch-deutschen Reichsgrenzen 1910–1920 (absolute Zahlen). Aus: Klaus J. Bade, Vom Auswanderungsland zum Einwanderungsland? Deutschland 1880–1980, Berlin 1983, S. 34

13 Der internationale Konkurrenzkampf und die strukturelle Veränderung in der deutschen Wirtschaft. Die Bedeutung des Welt- und des Binnenmarktes für die deutsche Wirtschaftsentwicklung wurde um die Jahrhundertwende heftig diskutiert. Die Schrift des „Volksvereins“[5] zieht in seinem Sinne ein Resümee.

1. Die Mehrzahl des im Wirtschaftsleben tätigen deutschen Volkes gehört nicht mehr der Landwirtschaft an. Darum hätten auch die landwirtschaftlichen Interessen, soweit Maßnahmen der Gesetzgebung und der staatlichen Verwaltung in Betracht kommen, erst in zweiter Linie hinter den Handelsinteressen zu stehen.
2. Die Landwirtschaft ist die Grundlage der Volkskraft; darum muß sie in erster Linie stehen bei den Maßnahmen des Staates; die Industrieinteressen müssen daher auch heute noch gegebenenfalls hinter die landwirtschaftlichen zurücktreten.

Es ist also der Streit, ob

Industriestaat oder Agrarstaat,

der lange Jahre, ja Jahrzehnte hindurch unsere deutsche Wirtschaftspolitik beherrschte, und zeitweise tauchte sogar noch die Idee des reinen *Handelsstaates* auf, da man eben die Entwicklung Englands als die für einen modernen Wirtschaftsstaat maßgebende anzusehen sich gewöhnte.

---

[5] Der „Volksverein für das katholische Deutschland“ bemühte sich mit seinen Schriften, die ländliche katholische Bevölkerung und die katholische Arbeiterschaft für die Integrationspartei des Zentrums zu gewinnen und zu erhalten. Mit über 800 000 Mitgliedern (1913/14) war er die größte katholische Massenorganisation.

Jedoch die *Entwicklung Englands* kann doch in keiner Weise von den andern Staaten als mustergültig betrachtet werden. Die ganze Entwicklung der englischen Volkswirtschaft beruhte ja in den letzten anderthalb Jahrhunderten eben darauf, daß England um fünfzig bis siebzig Jahre *früher zur Anwendung der modernen technischen Mittel* gekommen war und infolgedessen eine Zeitlang fast die ganze Welt als seinen unbestrittenen industriellen Absatzmarkt betrachten konnte, anderseits aber alle Getreide-Überschußländer als seine Brotlieferanten zur Verfügung hatte.

Das ist nun schon in den letzten zwanzig, dreißig Jahren sehr bedeutsam anders geworden; *Deutschland und Amerika sind an seine Seite gerückt* und England muß sich mit ihnen in den industriellen Absatzmarkt teilen. Ebenso ist es hinsichtlich der Getreidezufuhrländer. Dadurch ist Englands Stellung in der Weltwirtschaft heute eine ganz andere geworden als sie lange Jahrzehnte gewesen. Der Auslandsabsatz ist unsicherer und damit die Stellung der englischen Industrie im Weltmarkt eine viel schwankendere und prekärere geworden, um so mehr, als sie eben in einem kräftigen Inlandsmarkt eine Stütze nicht hat.

Bei den andern Volkswirtschaften, im besondern bei *Deutschland,* lag die Sache von vornherein anders. Es mußte sich erst *ganz allmählich zum Weltmarkte durchringen* und kann auch infolge seiner geographischen Lage kaum jemals daran denken, in diesem Maße Handelsstaat werden zu wollen wie England es gewesen. Englands Situation wird heute noch gestärkt durch die Abhängigkeit seiner Kolonien. Sollte sich aber in absehbarer Zeit auch in diesen industrielles Leben regen, so würde seine Absatzkraft und damit die ganze Industrie sich aufs schwerste bedroht sehen.

Aber nicht nur England hat mit dem Emporwachsen anderer Länder zu rechnen, sondern *jeder Staat,* sobald er zu einem gewissen Selbstbewußtsein und einer gewissen wirtschaftlichen Reife herangewachsen ist, *versucht die eignen Produktionskräfte seines Staatsgebiets auszubauen* und sich somit also selbst Industrien einzurichten. Demnach wird in Zukunft erst recht damit zu rechnen sein:

daß nicht einige wenige Staaten als Industriestaaten den andern als Absatzstaaten gegenüberstehen, sondern es wird damit zu rechnen sein, daß der Auslandsabsatz auf dem Weltmarkt über kurz oder lang keineswegs mehr diese vielen offnen Türen vor sich sieht, die noch heute vorhanden sind. Dann aber wird derjenige Staat und *diejenige Volkswirtschaft* in dem allgemeinen Konkurrenzkampf *am besten* bestehen, *die einen möglichst starken und gefestigten Inlandsmarkt in ihrem Innern aufweisen können.*

Die Landwirtschaft. Gesammelte Vorträge, I. Heft, hg. vom Volksverein für das katholische Deutschland, Mönchen-Gladbach 1911, S. 14

3. Bevölkerungswachstum und Bevölkerungsbewegung

14 **Die deutsche Bevölkerungsentwicklung** 1870–1910 im Vergleich zu den europäischen Großmächten (Grenzen von 1914, Angaben in Millionen)

Staaten	1870/1	1880/1	1890/1	1900/1	1910/1
Deutschland	40,8	45,2	49,4	56,4	64,9
Frankreich	36,1	37,7	38,3	39,0	39,6
Großbritannien	26,1	29,7	33,1	37,0	40,8
Italien	26,8	28,5	30,3	32,5	34,7
Österreich-Ungarn	35,8	37,8	41,5	45,5	49,5
Rußland	84,5	97,7	117,8	132,9	160,7

Carlo M. Cipolla (Hg.), The Fontana Economic History of Europe, S. 747

15 **Bevölkerungswachstum**

Der jährliche Geburtenüberschuß beträgt seit langem etwa 800000 Köpfe; er ist, im Verhältnis zur Bevölkerung gerechnet, stärker als in allen anderen großen europäischen Staaten, Rußland ausgenommen, ja selbst größer als in den Vereinigten Staaten von Amerika. Im Jahre 1911 betrug der Überschuß der Geburten über die Todesfälle, auf je 1000 Einwohner gerechnet:

in Deutschland	11,3
in Rußland	17,0 (1906)
in Österreich	9,5
in Ungarn	9,9
in England und Wales	9,8
in Italien	10,1
in Frankreich	–0,9
in den Vereinigten Staaten, soweit Erhebungen für die einzelnen Staaten vorliegen	5,4–9,9

... Von besonderer Bedeutung ist der Rückgang der Kindersterblichkeit; von 100 Lebendgeborenen sind im ersten Lebensjahre gestorben: 1901 20,7, 1910 16,2...

Zu dem erheblichen Rückgang der Sterblichkeit im allgemeinen müssen bessere Ernährung, geringerer Verbrauch durch übertriebene Arbeitsbelastung und günstigere sanitäre Verhältnisse zusammenwirken. Der Rückgang der relativen Sterbezahl beweist also, daß Deutschlands Bevölkerung, die heute um ein Drittel größer ist als vor fünfundzwanzig Jahren, sich auch wesentlich besserer Lebensbedingungen erfreut als noch vor wenigen Jahrzehnten.

Karl Helfferich, Deutschlands Volkswohlstand 1886–1913, S. 12

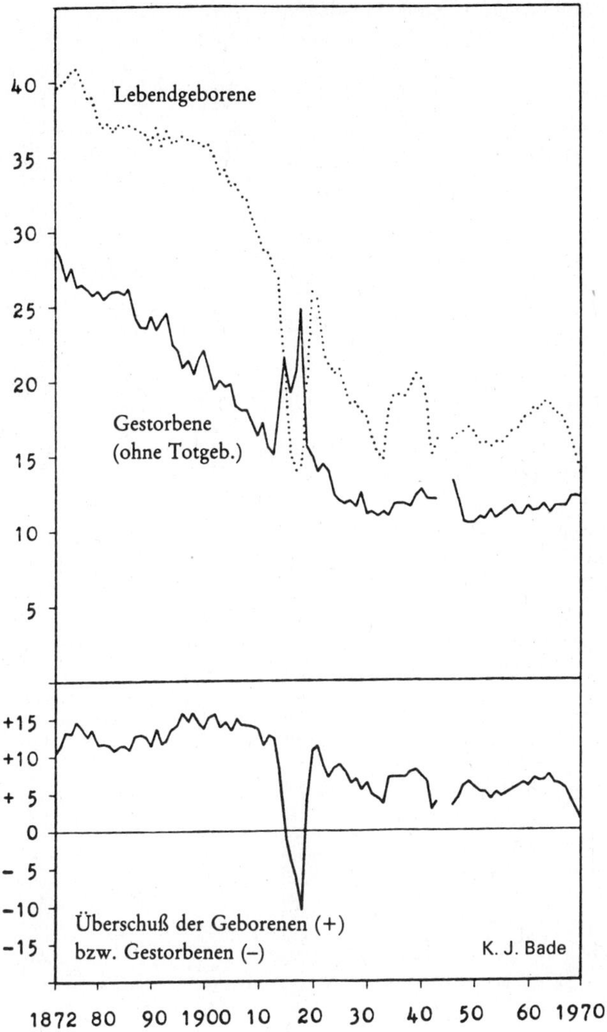

Abb. 3: Die natürliche Bevölkerungsbewegung in Deutschland (Angaben in 1000). Aus: Klaus J. Bade, Arbeitsmarkt, Bevölkerung und Wanderung in der Weimarer Republik, in: Michael Stürmer (Hg.), Die Weimarer Republik. Belagerte Civitas, Königstein / Ts. 1980, S. 162

16 **Binnenwanderung im Reich** 1871–1910 (Angaben in Tausend). Die Bevölkerung strömte aus den agrarischen Gebieten in die Industrieregionen. In Preußen stellte sich dieser Prozeß deutlich als Ost-West-Wanderung dar, aber es gab, wie die Statistik zeigt, auch andere Wanderungsrichtungen in Deutschland.

Staaten/Provinzen	1871	1910	Zuwachs in %	durchschnittl. jährl. Zuwachsrate in ‰
Ostpreußen	1823	2064	13,2	3,2
Westpreußen	1315	1703	29,5	6,7
Stadt Berlin	826	2071	150,7	23,8
Brandenburg	2037	4093	100,9	18,1
Pommern	1432	1717	19,9	4,7
Posen	1584	2100	32,6	7,2
Schlesien	3707	5226	41,0	8,8
Sachsen	2103	3089	46,9	9,9
Schleswig-Holstein	1045	1621	55,1	11,3
Hannover	1961	2942	50,0	10,5
Westfalen	1775	4125	132,4	21,9
Hessen-Nassau	1400	2221	58,6	11,9
Rheinprovinz	3579	7121	99,0	17,8
Hohenzollern	66	71	7,6	2,0
Preußen	24689	40165	62,7	12,6
Bayern r. d. Rheins	4237	5950	40,4	8,7
Pfalz	615	937	52,4	10,9
Coburg (1920)	52	75	44,2	9,4
Bayern	4915	6962	41,6	9,0
Sachsen	2556	4807	88,1	15,2
Württemberg	1819	2438	34,0	7,6
Baden	1462	2143	46,6	9,9
Thüringische Länder (ohne Cobg.)	1016	1511	48,7	10,2
Hessen	853	1282	50,3	10,5
Hamburg	339	1015	199,4	28,4
Mecklenburg-Schwerin	558	640	14,7	3,5
Oldenburg	317	483	52,4	10,9
Braunschweig	312	494	58,3	11,9
Anhalt	203	331	63,1	12,6
Bremen	122	300	145,9	23,2
Lippe-Detmold	111	151	36,0	7,9
Lübeck	52	117	125,0	20,8
Mecklenburg-Strelitz	97	106	9,3	2,3
Waldeck	56	62	10,7	2,4
Schaumburg-Lippe	32	46	43,8	9,3
Elsaß-Lothringen	1550	1874	20,9	4,9
Deutsches Reich insgesamt	41059	64926	58,1	11,8

Handbuch der deutschen Wirtschafts- und Sozialgeschichte, hg. von H. Aubin und W. Zorn, Bd. 2, Stuttgart 1976, S. 18

Urbanisierung im Kaiserreich 17

	Jahr	Es lebten in Gemeinden mit ... Einwohnern					
		weniger als 2000	2000 bis unter 5000	5000 bis unter 20000	20000 und darüber	davon über 100000	Gesamtbevölkerung
		%					
Deutsches Reich	1871	63,9	12,4	11,2	12,5	4,8	41058804
	1890	53,0	12,0	13,1	21,9	12,1	49428470
	1910	40,0	11,2	14,1	34,7	21,3	64925993

Sozialgeschichtliches Arbeitsbuch, hg. von Gerd Hohorst / Jürgen Kocka / Gerhard A. Ritter, S. 43

Das Wachstum deutscher Großstädte 18

	1875	1890	1910
Berlin	966859	1587794	2071257
Chemnitz	25847	76859	305978
Dortmund	57742	89663	214226
Duisburg	37380	59285	229438
Stuttgart	107273	139817	286218
Insges. Zahl der Städte mit 10000 Einwohnern und mehr	271	394	576

Nach: Sozialgeschichtliches Arbeitsbuch, hg. von Gerd Hohorst / Jürgen Kocka / Gerhard A. Ritter, S. 45

II. Die Gesellschaft des Kaiserreiches

Der Modernisierungsprozeß, der in der Wirtschaft des Kaiserreiches allenthalben erkennbar ist, vollzog sich in der Gesellschaft in engeren Grenzen. Zwar zeigten sich neue prägende Kräfte, erfaßte das Aufstiegs- und Erfolgsdenken weite Kreise, gewann die rationale Arbeitswelt Einfluß auf Alltag und Erziehung, weckte die Veränderung der Erfahrungswelt romantische Verklärungen der vorindustriellen Zeit, doch kam es kaum zu einer neuen Bewußtseinsformung der Gesamtgesellschaft. Schichten und Klassen differenzierten sich einerseits, fanden aber andererseits zu einer neuen Geschlossenheit. Die Arbeiterschaft organisierte sich zunehmend in der Sozialdemokratie, in der die Vorstellung des gesellschaftlichen Umsturzes und eine sich von der übrigen Gesellschaft abschließende Subkultur als Klammer wirkten. Die bürgerlichen Schichten, politisch in eine Vielzahl von Parteien und Interessengruppen gespalten, behaupteten den Bereich der Bildung als ihre Domäne. Materieller Aufstieg veränderte ihr Leben, beherrschte vielfach stärker noch ihre Wertvorstellungen. Aber so groß die gesellschaftlichen Veränderungen im einzelnen auch waren und so umfangreich die davon erfaßten Schichten, so wenig hatten Arbeiterschaft und Bürgertum die Chance, die Gesamtgesellschaft zu bestimmen. Ebensowenig entwickelten sie den Anspruch, den Staat zu lenken oder einen ihrer Bedeutung entsprechenden politischen Einfluß zu erhalten. Traditionelle Führungsschichten, Adel und Militärs, Großagrarier und hohe Bürokratie, behaupteten ihre Stellung in der Leitung des Staates und blieben rangbestimmend und vorbildgebend in der Gesellschaft. Sie stützten sich auf den Herrschaftsapparat, bedienten sich aber auch moderner Methoden parteipolitischer und verbandsmäßiger Interessenvertretung.

1. Gesellschaftlich prägende Kräfte der Zeit

19 Ein „leichteres", „schöneres", „besseres", „längeres" Leben

Wir dürfen kühn behaupten, daß durch die Ausbildung des Verkehrs und der Verkehrsmittel unser Leben nicht nur leichter und sicherer, sondern auch schöner, besser und im vollen Sinne des Wortes länger geworden ist. Leichter, weil wir mit geringerem Kraftaufwande uns in Besitz derjenigen geistigen und materiellen Ausrüstung zu setzen vermögen, welche uns notwendig ist, um den unabweisbaren Lebensbedingungen zu genügen; sicherer, weil durch allgemeine Mitteilung und Verwendung der erlangten Mittel schädliche Einflüsse vollständiger und rascher paralysiert werden können – die Nächte werden erhellt, Wüsten und Meere rascher durchflogen, verheerende Wirkungen der Naturkräfte, Stürme, Überschwemmungen, Feuersnot werden eiligst bekannt, und es kann ihnen zeitig genug entgegengearbeitet werden; schöner, denn die ganze Natur mit all ihren Reizen liegt erreichbar vor uns, ganze Armeen von Forschern haben die Erzeugnisse aller Zonen uns zugänglich gemacht, und selbst das, was früher als wertlos verachtet wurde, in angenehme Produkte zu verwandeln gelehrt; schöner und besser auch ist das Leben geworden, denn alle jene begeisternden Triumphe, die des Menschen Geist in seiner vielseitigen Entfaltung gefeiert, seine erhebenden und anspornenden Werke, sie üben ihren veredelnden Einfluß allseitiger, früher und ursprünglicher als je vorher; und all diese Vorteile zusammen haben unser Leben ebenfalls verlängert. Ist an sich das Leben, sein Umfang und seine Dauer, für den Höherdenkenden nicht sowohl durch die Erfüllung einer bestimmten Jahresreihe bemessen, als vielmehr durch die erlangte Summe von Erfahrungen, zu denen täglich neue hinzutreten, und von den für sich und die andern gemachten Verwertungen, so wiegt unser Leben schon dadurch eine vielfache Lebensdauer in früheren Zeiten auf; allein auch die Gesundheitsverhältnisse sind im allgemeinen günstigere, die Lebensweise ist eine naturgemäßere geworden, und dadurch ist die durchschnittliche Lebensdauer sogar im buchstäblichen Sinne des Worts verlängert worden.

Wir brauchen nach den Beweisen für diese Rechtfertigung des Fortschritts unserer Zeit nicht weit zu suchen. Vor unsern Fenstern brennt das Gas, diese rationellste Form eines Leuchtmaterials, welche allein es möglich macht, dem ungünstigen Einfluß der nächtlichen Finsternis wirkungsvoll entgegenzuarbeiten...

Wir könnten zahlreiche andre Beispiele noch anführen, die uns alle beweisen würden, welch unermeßliche Vorteile das Leben dadurch erlangt hat, daß seine Interessen eine gemeinsame Behandlung haben...

...Zeit und Entfernung sind keine Hindernisse mehr, sie sind überwunden durch den galvanischen Strom und die Dampfkraft. Der kalte Norden steht in direkter Verbindung mit dem tropischen Erdgürtel, und die Ereignisse – mögen sie auf einem Gebiete, welches es auch sei, immerhin förderlich erscheinen – sie begünstigen nicht mehr eine einzelne Gegend nur, sondern ihr wohltätiger Einfluß erstreckt sich rasch über die ganze Erde. Was der eine erdenkt und erfindet, wird augenblicklich zum Gemeingut der Menschheit.

F. Reuleaux (Hg.), Das Buch der Erfindungen, Gewerbe und Industrien. Rundschau auf allen Gebieten der gewerblichen Arbeit. 1. Bd., Leipzig 1884, S. 124f.

Erlebnis und Identifikation mit technischer Leistung – der Zeppelin 1908/09 20

Da war es mir plötzlich, als klänge der Himmel wie von sanften, langsam anschwellenden Orgeltönen. Auf der Straße liefen ein paar Frühaufsteher zusammen und beschatteten die Augen, um in die Ferne zu spähen. Auch ich schaute zu dem bewaldeten Höhensaum hinüber, hinter dem die heroische Sphärenmusik zu metallischem Dröhnen schwoll. Und wie ich noch zweifelnd und doch schon wissend den Blick in die Ferne bohre, taucht über dem Tannenwald ein silberner Himmelsfisch empor und schwimmt in scheinbar langsamer und doch rascher Fahrt, aller Körperschwere bar, auf uns zu.

Ich starrte einen Augenblick wie gebannt zu dem Wunder empor. Wohl hatte ich das Luftschiff des Grafen Zeppelin schon mehr als einmal vor Manzell dicht über dem Seespiegel schweben sehen, aber es erschien mir in diesem

Abb. 4: „S. M. Luftschiff Zeppelin II. bei seiner Ankunft in Köln a. Rh. am 5. Aug. 1909. Rundfahrt um den Dom." Zeitgenössische Postkarte

Augenblick so fremd, so schön und zugleich so ins Reich der unbegrenzten Höhe emporgehoben, daß mir das Herz zu klopfen begann. Ich lief ins Schlafzimmer meiner Frau, riß den Kleinen auf den Arm, rief, der Zeppelin komme, und eilte auf den Balkon zurück.
Schon zog das Luftschiff silberglänzend, goldumsprüht, hoch über dem Talboden uns zu Häupten gen Nordwesten. Das Kind starrte, die Augen noch voll Schlaf und doch ganz erfüllt von der unbegreiflichen Erscheinung, stumm zum Himmel empor und die junge Frau stand barfuß im Hemd und ihren langen Mädchenzöpfen an das Geländer gelehnt und winkte mit beiden Armen zu den Silbergondeln hinauf.
Es war das vierte Schiff, das Zeppelin gebaut hatte. Mit der Reichskommission an Bord zog es über den Schwarzwald, um über Straßburg, Germersheim, Speyer und Worms nach Mainz zu fliegen und über Stuttgart heimzukehren. Unsere Wünsche begleiteten es in die Ferne.
Am anderen Morgen lärmte in meinem Bureau an der Huetlingasse der Fernsprecher und meldete, daß das Wunderschiff bei Echterdingen gestrandet und verbrannt sei. Da weinte die junge Frau, als wäre ihr ein großes Leid geschehen.

Hermann Stegmann, Erinnerungen aus meinem Leben und meiner Zeit, Stuttgart 1930, S. 184

21

Innovationserwartungen für Wirtschaft und Alltag. Emil Rathenau, erster Präsident der AEG, gab 1891 bei der Eröffnung einer Industrieausstellung der uneingeschränkten Erwartung auf technische Neuerungen Ausdruck.

Die großartige Verteilungsfähigkeit der Elektrizität ist es, welche den Versuch der Übertragung auf große, sehr große Entfernungen erst so recht zu einem bedeutungs- und wertvollen gemacht hat.
Wenn wir daran denken, daß es das unbewußte Sinnen der Menschheit, das zielbewußte Streben der Forscher, Erfinder, der Leute der Zukunft...ist, menschlicher Arbeit das Gebiet des Nachdenkens, das Gebiet der individuellen Tätigkeit vorzubehalten und immer weiter zu erschließen, alle rein mechanische, gedankenlose Tätigkeit aber durch Unterjochen der Naturkraft durch Maschinen zu vollbringen, so darf ich den jetzt eingeschlagenen Weg kühn als denjenigen bezeichnen, auf dem Jahrhunderte mit Erfolg weiter wandeln können. Wir dürfen uns auch weiter der Überzeugung nicht verschließen, daß die Unterstützung unserer Tätigkeit durch die Arbeitsleistung der Tierwelt längst nicht mehr ausreicht, und das Zugpferd und der Zugochse von Rechts wegen schon längst der Vergangenheit angehören müßten. Das Zeitalter des Dampfes hat hierin Großes getan, aber wie jeder rapide und bedeutende Fortschritt auch Nachteile gezeitigt... Es liegt...in der Natur des Dampfes, als Betriebskraft für große Betriebe mit Erfolg verwendet werden zu können. Wir haben kein Mittel, um mit materiellem und technischem Vorteil den Dampf direkt in die Wohnung des Kleinmeisters zu führen, ebenso wenig können wir die Wirkungen des Dampfes, sei es durch Transmissionen oder durch andere Art, gut auf erhebliche Entfernungen übertragen. Ganz anders die Elektrizität! Die neuesten Fortschritte werden uns gestatten, *großartige Krafterzeugungszentren an beliebigen Stellen*, im Bergwerk, an der Meeresküste, um die Ebbe und Flut zu benutzen, an den großen Katarakten anzulegen, die dort vorhandenen, bisher zwecklos vergeudeten Kräfte in nutzbringende Elektrizität umzusetzen, diese in, wir können fast sagen, *beliebige Entfernungen* zu versenden und dort in beliebiger Art zu verteilen und zu verbrauchen.
Wir können dem Handwerksmeister seine Nähmaschine elektrisch betreiben, wir heizen ihm sein Bügeleisen, wir rüsten dem Vergolder die chemischen Bäder für seine Erzeugnisse. Wir geben noch dazu einem jeden die Beleuchtung in der Stärke und an dem Orte und zu der Zeit, wo sie am vorteilhaftesten ist. Und wenn wir schließlich den Elektromotor mit anderen ähnlichen Maschinen vergleichen, so finden wir, daß er den geringsten Raum einnimmt, daß seine Einrichtung die einfachste ist, daß er keine Wartung braucht und keine Gefahr des Explodierens vorhanden ist, vor allem aber, daß er ökonomisch deshalb am vorteilhaftesten arbeitet, weil sein Kraftverbrauch sich mit seiner Belastung selbsttätig regelt.

50 Jahre AEG. Als Manuskript gedruckt, Berlin 1956, S. 109 f.

22 Disziplinierung und Organisation für die rationale Arbeitswelt und eine arbeitsteilige Gesellschaft. Dies schien dem liberalen Politiker Friedrich Naumann eine deutsche Eigenart zu sein.

...Das, was die Besonderheit des Deutschen ausmacht, ist nicht eine an sich neue Eigenschaft, die sonst in der Welt nicht vorhanden wäre, sondern es ist die methodische, anerzogene Steigerung eines Könnens, das bei den bisherigen führenden Völkern auch vorhanden war und ist, aber nicht schulmäßig und absichtlich entwickelt wurde. Nach unserem eigenen Gefühl sind wir nun noch lange nicht am Ende der Organisiertheit angelangt, noch lange nicht, aber in den Augen der anderen sind wir schon weit von ihrer Lebensart abgekommen, sind ein unfreies Volk, weil wir besser als sie gelernt haben, unsere Arbeit nach gemeinsamem Plan und in gemeinsamem Rhythmus zu vollziehen. Und zwar betrifft das alle Arbeiten. Es ist nicht so, als ob der Industrialismus das besondere deutsche Merkmal sei, denn industriell, maschinell, gewerblich sind und waren die Engländer vor uns, und der besondere deutsche Geist, von dem wir reden, zeigt sich mindestens ebensosehr in unserem Landwirtschaftsbetriebe wie in unserem Gewerbe...
Alles folgt nun demselben Zuge: die Techniker, die Lehrer, die Oberlehrer, die Gelehrten, die Ärzte, selbst die Künstler. Die Innungen der Handwerker beleben sich neu und passen sich den veränderten Zeitbedingungen an. Wir sind bei allem Streit der vielen gegeneinanderkämpfenden Interessenverbände ein einheitliches Volk, großartig einheitlich in dieser Weise der praktischen Lebens- und Arbeitsverfassung. Daran haben Volksschule, allgemeine Wehrpflicht, Polizei, Wissenschaft und sozialistische Propaganda zusammen gearbeitet. Wir wußten kaum, daß wir im Grunde alle dasselbe wollten: die geregelte Arbeit der zweiten kapitalistischen Periode, die als Übergang vom Privatkapitalismus zum Sozialismus bezeichnet werden kann, falls man nur das Wort Sozialismus nicht als bloße proletarische Großbetriebserscheinung annehmen, sondern frei und weit fassen will als Volksordnung zur Erhöhung des gemeinsamen Ertrages aller für alle. Dieser neue deutsche Mensch ist das Unbegreifliche für die Individualistenvölker, denn er erscheint ihnen teils als Rückfall in vergangene gebundene Zeiten und teils als künstliche Zwangskonstruktion, die das Menschentum verleugnet und vergewaltigt. Man hat in den gebildeten Kreisen von Paris und London gegenüber diesem deutschen Typ Mitleid, Scheu, Achtung und Abneigung zugleich. Auch wenn man dort dasselbe würde leisten können, würde man es nicht wollen, denn man will diese disziplinierte Seele nicht, man will sie nicht, weil das der Tod und die Preisgabe der eigenen Seele sein würde. Nur wer Deutschland auch gelegentlich von draußen her mit den Augen der Fremden anzuschauen versucht hat, wird das ganz verstehen. Dem Deutschen, der nur Deutschland kennt, muß die innere Stärke dieses Gegensatzes notwendig verborgen bleiben, er fühlt gar nicht, wie fremd er gerade den besten Menschen in den Westvölkern schon geworden ist, nicht durch etwas einzelnes, das er tut, sondern einfach durch das, was er ist...

Friedrich Naumann, Mitteleuropa, in: Ders., Ausgewählte Schriften, Frankfurt/M. 1949, S. 394 f.

Die modernen „Volkstugenden“

23

Vor allem ist es ein unschätzbarer Segen der Schule, daß sie zu *Gehorsam* erzieht. Dieser Tugend haben wir schon ein eigenes Kapitel gewidmet, aus dem wir die Überzeugung gewonnen haben, daß Gehorsam die Grundlage aller Tugenden und der Anfang der Weisheit ist; wir können uns deshalb hier kurz dahin fassen, daß den Segen der Schule für den Gehorsam besonders die Eltern empfinden, die Gehorsam nicht ihren Kindern anerzogen haben, die bisher nicht gewußt haben, was sie aus eigenem Antrieb hätten tun sollen... Und das ist auch gut so. Denn Gehorsam ist des Christen Schmuck. Und ohne diesen kann weder Schule noch Leben mit Benjamin etwas anfangen.
Sodann übt die Schule einen erfreulichen Einfluß auf den *Ordnungssinn* unseres Benjamins aus. Darin sollen wir ihr nach Möglichkeit helfen. Denn alle Unordnung ist Zeitvergeudung. Wer nicht weiß, was er zunächst beginnen soll, nicht weiß, wo er seine Sache liegen hat, um zu beginnen, wer sich keinen Arbeitsplan und keine Arbeitsordnung macht, verliert Zeit. An alle Ordnung knüpft sich der rechte Segen der Arbeit. Denn Äußeres und Inneres hängen miteinander zusammen, äußere geregelte Tätigkeit und innere Gesinnung laufen vielfach parallel... Wer das Kleine nicht acht't, hat zum Großen nicht Macht; darin ist Ordnung und Sparsamkeit verwandt, die ohne den Satz, daß viele Pfennige einen Taler machen, nicht bestehen kann.
Auch an *Pünktlichkeit* gewöhnt die Schule, und soll das Haus unsern Benjamin mitgewöhnen. Pünktlichkeit ist nicht nur die Höflichkeit der Könige, sie sollte jedermanns gute Sitte sein. Aber leider ist heutzutage vielfach das Gegenteil der Fall. Manche Leute suchen geradezu etwas darin, unordentlich zu sein, d.h. zu spät zu kommen; das soll interessant machen und soll fein sein. Unserem Benjamin wollen wir aber königliche Tugenden und nicht die Untugenden beschränkter Untertanen angewöhnen. Die Schule tut das Ihrige; unterstützen wir sie darin, damit Benjamin schon frühe an den richtigen Gebrauch der Zeit sich gewöhne und den Grundsatz beherzige:
Gebraucht der Zeit, sie flieht so schnell von hinnen!
Doch Ordnung lehrt uns Zeit gewinnen.
Eine andere Schultugend und Schulpflicht ist *Fleiß und Selbsttätigkeit.* Wir sollen, um diese zu erzeugen, ja nicht ängstlich und unablässig gängeln; dann hält man zu leicht den Willen in Schwachheit darnieder, man hindert fröhliches Wagen und mutiges Tragen schwerer Arbeitslast. Man gewähre deshalb so viel freien Spielraum als möglich. Selbst wenn Benjamin sich einmal zu viel zutraut, schadet's nicht; denn mißlungene Versuche sind lehrreich; wohlgelungene Versuche aber auf eigene Hand kräftigen den Willen und heben die Selbsttätigkeit und den Fleiß...

Wie erziehen wir unseren Sohn Benjamin? Ein Buch für deutsche Väter und Mütter, 6. Aufl., München 1907, zitiert nach: Aufsätze zeitgenössischer pädagogischer Schriftsteller I., hg. von R. Kabisch, Bielefeld / Leipzig / Berlin 1910, S. 94f.

[illegible], den 1. Januar 1914
Liebe Eltern!

Wiederum hat uns Got-
tes Güte ein neues Jahr
geschenkt. Mit gerührtem
Herzen denke ich an die vie-
len Wohltaten, die ich von
Jugend an aus Euren

Abb. 5: Einübung von Form und Haltung. Neujahrsbrief eines vierzehnjährigen Volksschülers an seine Eltern nach vorgeschriebenem Muster, 1. Januar 1914. Der Text lautet: „Liebe Eltern! Wiederum hat uns Gottes Güte ein neues Jahr geschenkt. Mit gerührtem Herzen denke ich an die vielen Wohltaten, die ich von Jugend an aus Euren Händen empfangen habe. Ihr habt mich beschützt und behütet auf allen meinen Lebenswegen. Ihr habt mit liebevollem Herzen für mich gesorgt und mich behütet vor Schaden an Leib und Seele. Ich würde in hohem Maße undankbar sein, wenn ich diese unzähligen Wohltaten je vergessen sollte. Ich bitte den lieben Gott am heutigen Tage von ganzem Herzen, daß er mir Kraft geben möge, Euch, meine guten Eltern, allezeit durch ein gutes Verhalten, durch Fleiß und Gehorsam zu erfreuen. Möge Gott, der Allmächtige, auch im neuen Jahr Euch behüten und bewahren und Euch ein langes, gesegnetes Leben schenken, damit ich Euch später auch meinen Dank durch Taten beweisen kann. Dies wünscht von ganzem Herzen Euer dankbarer Sohn, Wilhelm."

24 Die Erfolgsmoral – Durchsetzung von Prinzipien des Wirtschaftslebens in der modernen Gesellschaft

... [Es] stellte sich leicht eine merkwürdige Mischung von Egoismus und Idealismus, von Aufrichtigkeit und Heuchelei, von Brutalität und Berechnung ein: eine sublimierte Zusammensetzung gleichsam der Eigenschaften, die schon früh den Kaufmann auszumachen begonnen hatten. Und von diesem Standpunkte aus erwuchs dann eine ganz neue Moral; und diese Moral war nach nichts anderem orientiert als nach dem Erfolge, so lange das ungeschwächte Prinzip freien Wettbewerbs galt.

Das war die Moral des modernen Wirtschaftslebens der freien Unternehmung, die Moral, gegen die Nietzsche mit dem Ideal der bloßen aufrichtigen Gewalttat, mit dem unzeitlichen Ideal der blonden Bestie Front machte: wie schon aus diesem generellen Gegensatze hervorgeht, die Moral des modernen Lebens gegen Ausgang des 19. Jahrhunderts überhaupt. Oder wer möchte, sei es nun im Guten, sei es im Schlechten, die ganz allgemeine Erscheinungsweise dieser Moral verkennen, von der Politik Bismarcks und dem Orientierungsvorsatz für die Werturteile der politischen Geschichtsschreibung, daß Macht vor Recht gehe, bis hin zu den kleinen Streberkniffen und Gesellschaftskunstgriffen, vornehmlich der Angehörigen der führenden Schichten.

Aber wie diese Moral, soweit sie um sich griff, doch zunächst ein Ausfluß des modernen Wirtschaftslebens war, so trugen auch ihre wichtigsten Auswirkungen in die Gebiete des Rechts, der Sitte und des Glaubens noch etwas hinein von dem speziell ökonomischen Ursprung.

Niemand kann da zunächst in der modernen Ausgestaltung des bürgerlichen Rechts den Sieg des spezifischen Ehrgefühls des Unternehmers, der Sittlichkeit der modernen wirtschaftlichen Geschäftspraxis verkennen. Und was in den neuen Sitten unseres Familienlebens, in der Ausdehnung des Konnubiums über alle Gebiete, ja über die Grenzen des Reiches, in der Verselbständigung der Werbung seitens des Bräutigams, der Wahlfreiheit seitens der Braut, in der Lösung der Entschlußbetätigung beider von dem Rate der Sippe und Vetternschaft, in dem Nebeneinanderleben der Ehegatten unter stärkerer Wahrung der beiderseitigen Persönlichkeiten im Denken und Tun, in der Kindererziehung zu früher Selbständigkeit in Urteil und Handeln lebendig geworden ist, das zeigt denselben Einfluß.

Auf dem Gebiete der Weltanschauung aber erscheint diese Einwirkung erst recht unverkennbar. Sie trat hervor in einem erst neuerdings wieder und einstweilen auch nur von den höherstehenden Naturen und Schichten überwundenen praktischen Materialismus...

Der Glaube starb, ein neuer, wilder / Gesang umbraust das Ohr der Zeit: / Nicht frommes Ahnen, gläub'ges Wähnen, / Nicht Mönchsgebet und Martyrtränen: / Die Arbeit ist's, die euch befreit! – Wilhelm Gittermann

Karl Lamprecht, Deutsche Geschichte der jüngsten Vergangenheit und Gegenwart, Bd. 1, Berlin 1912, S. 301 f.

25 Sehnsucht nach dem verlorenen Paradies

Man hat gefordert: das Kind müsse durch die Kulturstufen, die die Menschheit durchlaufen habe, in einem verkürzten Repetitionskursus hindurchgeführt werden. Gut; dann wäre das Erste: es aus der Großstadt aufs Land bringen, es mit Ackerbauern und Viehzüchtern, mit Hirten und Fischern leben und arbeiten lassen. Hier allein ist Gelegenheit, die Natur und den Menschen in allen seinen elementaren Kulturtätigkeiten kennen zu lernen, beim Graben und Pflügen, beim Säen und Ernten, beim Zimmern und Schmieden, beim Backen und Weben, beim Jagen und Pflegen der Tiere. Schon die erste Utopie, die des Thomas Morus, der erst die Anfänge modernen Großstadtlebens sah, läßt die jungen Utopier alle auf dem Lande aufwachsen; die Stadt ist überhaupt nicht zum Leben, sondern bloß der zeitweilige Aufenthaltsort für Arbeit und Geschäft. So preist Locke das Bauernhaus als Stätte der besten Erziehung, so bringt Rousseau seinen Emil aufs Land und läßt ihn mit den Dorfjungen sich tummeln. Und ebenso stellt auch Goethe in der „pädagogischen Provinz“ den Knaben in die Natur und die natürliche und ursprüngliche Lebensbetätigung des Menschen hinein, um sich hier die Kräfte bilden zu lassen, mit denen er später die verwickelteren Verhältnisse und Aufgaben der größeren Lebenskreise fassen und bewältigen wird.

Freilich: das sind Utopien. Wir können die Jugend nicht von dem Boden loslösen, auf dem sie geboren wird. Um so glücklicher werden sich die schätzen, denen das utopische Ideal ohne ihr Zutun durch die Verhältnisse selbst geschenkt wird. – Sie sollten es tun; es fehlt aber viel, daß sie es tun. Zwar, die Jugend drängt nicht in die Großstadt. Aber die Eltern und Lehrer, wie viele unter ihnen verachten, was sie haben, und schauen nach der Stadt, als dem Sitz der Bildung, der Kultur und des Glücks aus, stets bereit, auf jeden Ruf oder auch ohne Ruf das Paradies der Jugend hinter sich zu lassen, und sich und ihre Kinder in die Steinwüste der Großstadt zu verpflanzen. Ihnen zum Bewußtsein zu bringen, was sie besitzen, so stelle ich mir vor, wird eine der ersten und schönsten Aufgaben dieser Zeitschrift sein...

Genug zu zeigen, welchen Reichtum ein ordentliches Dorf in sich schließt. Ich wage zu behaupten: keine Universität bietet ihren Studenten in größerer Vollkommenheit, was sie brauchen, als das Dorf und eine gute Dorfschule dem heranwachsenden Knaben bietet, was er braucht und bewältigen, in wirkliche Kraft des Erkennens und Handelns umsetzen kann. Und ich kann nicht umhin zu denken, daß es einen großen Verlust an Kraft und Originalität der Bildung für unser Volk bedeutet, wenn ein immer größerer Teil in der Großstadt aufwächst, ohne Berührung mit der Erde, ohne die tiefwurzelnden Anschauungen der natürlichen und menschlichen Lebensumgebung, die das Aufwachsen im Dorf als unverlierbaren Schatz mitgibt. Was will dagegen die Last von abstrakten Vorstellungen sagen, die aus dem Klassenzimmer oder aus stumpfer Buch- und Zeitungslektüre stammen?

Mögen des Glückes recht inne werden, die es noch besitzen!

Friedrich Paulsen, Dorf und Dorfschule als Bildungsstätte, in: Dorfschule, 15. 4. 1905, zitiert nach: Aufsätze zeitgenössischer pädagogischer Schriftsteller I., hg. von R. Kabisch, S. 24 f.

2. Schichten und Klassen der deutschen Gesellschaft

FEUDALE STÄNDEGESELLSCHAFT

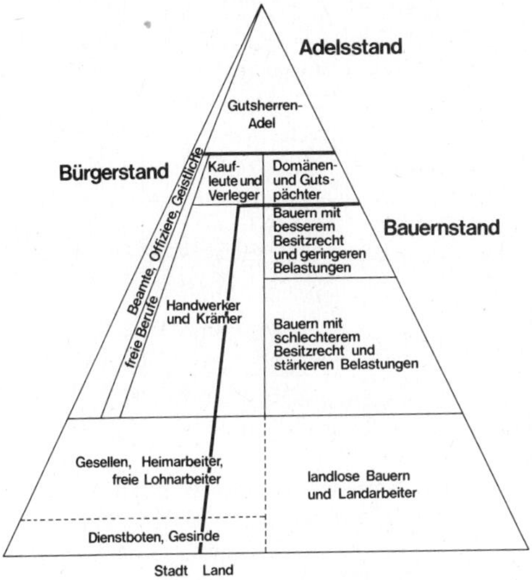

KAPITALISTISCHE KLASSENGESELLSCHAFT

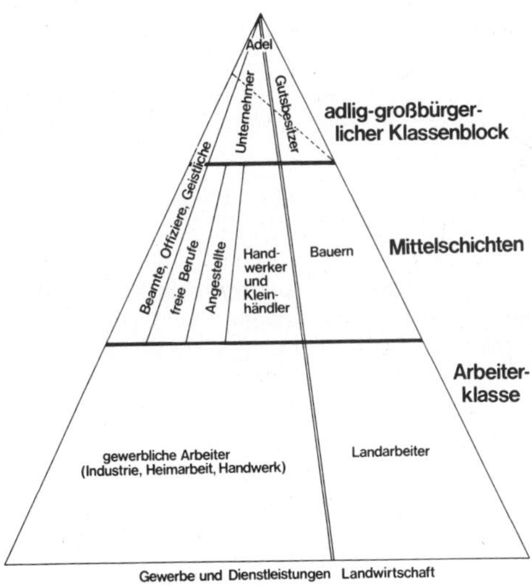

Abb. 6: Modell zur Veränderung der Sozialstruktur in Preußen im 19. Jahrhundert. Aus: Peter Brandt / Thomas Hofmann / Reiner Zilkenat, Preußen. Zur Sozialgeschichte eines Staates. Eine Darstellung in Quellen, Reinbek 1981, S. 220

26 Die Entwicklung der Einkommen

a) Die Einkommensentwicklung in Preußen zwischen 1896 und 1912 nach der Zuordnung der Bevölkerung zu Einkommensteuerstufen (Zensit = Steuerpflichtiger)

Nummer	Einkommensstufen Jahreseinkommen in Mark	Vom Tausend aller Zensiten entfallen auf die einzelnen Einkommensstufen					
		ausschl. der Angehörigen		Zunahme	einschl. der Angehörigen		Zunahme
		1896	1912	%	1896	1912	%
1	unter 900	750,78	519,66	− 5	671,99	397,76	− 24
2	900– 3000	220,36	430,42	+167	291,70	538,87	+137
3	3000– 6000	18,76	34,88	+154	23,78	44,70	+141
4	6000– 9500	5,02	7,12	+ 94	6,28	9,20	+ 88
5	9500– 30500	4,12	6,30	+109	5,07	7,56	+ 91
6	30500–100000	0,81	1,34	+126	1,00	1,58	+103
7	über 100000	0,15	0,28	+162	0,18	0,33	+132

Karl Helfferich, Deutschlands Volkswohlstand 1886–1913, S. 129

b) Die durchschnittlichen Jahresverdienste von Arbeitnehmern in Industrie, Handel und Verkehr (bezogen auf den Index 1895 = 100)

	Brutto-Geldlöhne	Lebenshaltung	Reallöhne
1871	74	106	70
1875	98	113	87
1880	82	104	79
1890	98	102	96
1895	100	100	100
1900	118	106	111
1910	147	124	119
1913	163	130	125

Ashok V. Desai, Real Wages in Germany 1871–1913, Oxford 1968, S. 112, 117, 125

27 Zwei „Nationen“.

Zwei „Nationen“. Adolf Damaschke[6] beobachtete die Schattenseiten des Kapitalismus und seiner Durchsetzung im neuen Reich. Die Kenntnis des großstädtischen Wohnungselends veranlaßte ihn, eine Bodenreform vorzuschlagen.

Am 10. Mai 1871 wurde der Friede [mit Frankreich] geschlossen. Am 1. Oktober mußte die Polizei feststellen, daß allein in Berlin 10600 Menschen obdachlos auf der Straße lagen. Wie groß die Verzweiflung der Obdachlosen war, die dann aus den Baracken von Wagen und Spreekähnen, die sie vor den Toren aufgeschichtet hatten, durch Polizei und Feuerwehr entfernt wurden, zeigen die Barrikadenkämpfe am 25.–27. Juli 1872. Sie entstanden, als Ob-

[6] Damaschke wurde Vorsitzender des Vereines der deutschen Bodenreformer (gegr. 1898), für den er sein Hauptwerk „Die Bodenreform“ (1902) schrieb.

dachlose durch die Blumenstraße zogen und dort gerade ein Tischler aus seiner Wohnung zwangsweise entfernt wurde. 600 Schutzleute in Uniform und ebensoviel in Zivil konnten mit Mühe die Unruhe unterdrücken...

Es wuchs bald in Hunderttausenden von Arbeiterherzen ein Zweifeln, ein Verzweifeln an diesem vor kurzem noch mit höchster Begeisterung begrüßten Deutschen Reiche, und enttäuschte Liebe wird ja stets bitterster Haß. Die Wende zeigt eine Zahl. Im sechsten Wahlkreis Berlin, d.h. im ausgesprochensten Arbeiterviertel, erhielten die Lassalleaner noch 1871 nur 82 Stimmen, 1874 aber schon 2523, und die Sozialdemokratie trat auf in einer Form, wie sie heute kaum noch in den radikalsten kommunistischen Kreisen gedacht werden kann. Johann Most, der spätere Anarchistenführer, wurde der Liebling der Berliner Arbeiter.

Die alte deutsche Bildungsschicht aber, die auf dem Wirtschaftsgebiete im wesentlichen dem Liberalismus huldigte, sah auf diese Arbeiterbewegung zwar mit befremdlichem Grauen, aber doch ohne sonderliche Sorge. Einmal hielt man das Kaisertum für unerschütterlich und das kaiserliche Heer für die letzte Versicherung für die „Heilighaltung“ alles Eigentums. Dann aber fühlte sich das gebildete Bürgertum in dem Herrschaftskreis, in dem es sich zumeist betätigte, in den Gemeinden, durchaus sicher. Das Grundbesitzer-Vorrecht, das in den Städten die Hälfte, in den Landgemeinden zwei Drittel aller Sitze den glücklichen Bodenbesitzern vorbehielt, schien im Verein mit dem Dreiklassenwahlrecht dieser Herrschaft ewige Dauer zu verbürgen, und man ließ sich auch nicht beirren, als die Ergebnisse des Dreiklassenwahlrechts immer grotesker wurden.

Herrschaft aber bedeutet Verantwortung. Wie stand es damit an der Wiege des neuen Deutschen Reiches? Der Sieg von 1871 führte – zum Teil durch die bis dahin unerhörten Geldquellen der Kriegsentschädigung – zu einer treibhausmäßigen Entfaltung des deutschen Wirtschaftslebens. In künstlicher Treibhauswärme gedeiht aber auch allerlei Giftkraut. Solange es Kriege gibt, spielen schnell reichgewordene Kriegslieferanten dabei eine einflußreiche, gefährliche Rolle. Die Neureichen jener Zeit brachten Lebensgewohnheiten auf und trugen sie mit all dem verletzenden Hochmut der „Parvenus“ zur Schau, der auf die arbeitenden Klassen nur verbitternd wirken konnte. Jene „Gründerzeit“ mußte ein schlimmes Ende nehmen. Aber wie es zu geschehen pflegt, mit den Schuldigen wurden auch viele mit ins Elend gerissen, die den lockenden Einladungen „bewährter“ Industrie- und Handelsführer gefolgt waren. Zum ersten Male sank eine breite Bildungsschicht plötzlich ins Proletariat...

Unser Volk zerfiel immer mehr in zwei Nationen, die getrennt waren durch verschiedene Welt- und Staatsauffassungen, die verschiedene Feste feierten, verschiedene Ideale im Herzen trugen. Und die Kluft wurde größer von Tag zu Tag.

Auf der einen Seite ein Massenelend furchtbarster Art, auf der anderen Seite ungeheuere Gewinne ohne jede volkswirtschaftliche Gegenleistung...

Adolf Damaschke, Aus meinem Leben, Bd. II, Zürich 1924/25, S. 50–54

Die Arbeiter

28 Arbeitsbedingungen eines Bergarbeiters im Saargebiet um 1880

Auf Grube Dudweiler kam ich dann ans Schleppen in eine Arbeit, wo 30 Grad Hitze war, da machte ich 2 Schichten und mußte 5 feiern. Nun kam ich sofort auf die schwarze Liste. Da tat mich der Steiger ein halbes Jahr ans Bergeversetzen[7] für Strafe und wurde mit 2,10 Mark ausbezahlt. Nachher hatten sie eine Arbeit, in der keiner halten wollte, und so steckte man mich dann als 30. Schlepper hinein. Ich war aber froh, daß ich wenigstens wieder mehr verdienen konnte. In 7–8 Monaten war die Arbeit fertig, aber froher noch als ich hinkam, war ich, als wir fertig waren. Nachher dachte ich etwas Besseres zu bekommen, aber die Arbeit war noch schlechter, bei 35–38 Grad Hitze mußten wir 12 Stunden arbeiten, dabei stand das Gedinge so niedrig, daß wir bloß 3,40–3,50 Mark verdienen konnten, denn vom Wagen Kohlen wurden nur 40 Pfg. gegeben, und von 10 Wagen wurde immer einer genullt. Am Lohntag sollten aber immer noch 3 Mark pro Mann an den Steiger abgegeben werden; als ich mich nicht drauf einließ, verlegte man mich wieder in eine andere Abteilung.

Hier war aber immer dasselbe, wenn an den Steiger der Zoll nicht bezahlt wurde, dann war es nicht zum Aushalten... Eine Kameradschaft lieferte dem Steiger eine frische Kuh, da fragte der Steiger, wo habt ihr denn das Kalb? Da hätte er das auch noch gern gehabt. Eine andere lieferte drei Schinken. Ja frug er, hat denn ein Schwein nur drei Beine? Bei einem anderen Steiger wurden wir in einem Monat um 150 Wagen betrogen... Arbeit war in der Zeit nicht zu finden, das wußten die Steiger ganz genau. Sie spuckten den Leuten vom Katheder aus ins Gesicht, warfen sie mit dem Schichtenbuch, konnten überhaupt machen, was sie wollten, weil sie wußten, daß die Leute gezwungen waren zu bleiben.

Wolfgang Emmerich (Hg.), Proletarische Lebensläufe. Autobiografische Dokumente zur Entstehung der Zweiten Kultur in Deutschland, Bd. 1: Anfänge bis 1914, Reinbek 1974, S. 208

29 Lebensverhältnisse der Arbeiter

Wenn man in Berlin auch nicht davon sprechen kann, daß die Arbeiterbevölkerung ausschließlich in einem bestimmten Stadttheile wohnt, so überwiegt sie doch naturgemäß in den mehr vom Centrum entfernten Stadtgegenden, in denen die Häuser nach ihrer ganzen Bauart (Familienhäuser) und den billigeren Methoden den Verhältnissen der Arbeiter entsprechender erscheinen. Daß aber die hier vorhandenen Wohnungen sowohl ihrer Zahl als dem Miethspreise nach immer noch nicht genügen, geht u. A. aus den vielfachen Abvermiethungen hervor, durch welche der Miether einen Theil der Miethe

[7] „Berge" sind taubes, in der Grube anfallendes Gestein; „Bergeversetzen" bedeutet Fortschaffen der Berge.

auf andere Schultern abzuwälzen sucht. Von den im Jahre 1880 gezählten 256365 Haushaltungen hatten 18318 oder 7,1% Einmiether und 39298 oder 15,3% hielten Schlafleute...
Diese 39298 Haushaltungen mit Schlafleuten werfen einen dunklen Schatten auf die Berliner Wohnverhältnisse, der noch intensiver wird, wenn man auf Einzelheiten eingeht. Es fanden sich nämlich u. A. eine Haushaltung mit 34 Schlafburschen (diesseit. Luisenstadt), eine mit 11 Schlafleuten – 9 m, 2 w – ebendort, dann 7 mit 10 Schlafleuten. – Je eine Person (männlich oder weiblich) befanden sich in 16192 bzw. 9165 Haushaltungen, je 2 Schlafburschen in 6284, 1 Schlafbursche und 1 Schlafmädchen in 1669 Haushaltungen usw. Noch trüber wird das Bild, wenn man erwägt, daß sich unter jenen 39298 Haushaltungen 15065 oder ca. 38% befanden, die nur über einen Raum verfügen, in dem sich außer der Familie, event. mit Kindern, noch Schlafleute aufhielten; von denen 15065 hier in Betracht kommenden Haushaltungen mit einem Raum hatten 6953 noch 1 Schlafburschen, 4132 noch 1 Schlafmädchen; in 1790 Haushaltungen fanden sich noch 2 Schlafburschen, in 607 je 1 Schlafbursche und 1 Schlafmädchen, in 721 2 Schlafmädchen; 357 hatten 3 Schlafburschen. Die höchste Zahl war: 8 Schlafleute – 7 m, 1 w – in einem Raum, in einer Haushaltung von einem Ehepaar mit Kindern und 10 männl. Schlafleuten in einer Haushaltung von einem Raum, wo eine Frau den Vorstand bildete!

Georg Berthold, Die Wohnverhältnisse in Berlin, insbesondere die der ärmeren Klassen (Schriften des Vereins für Sozialpolitik, 31, Teil 2), Berlin 1882, S. 199 ff.

30 Der „gebotene Respekt" der Dienstboten

Die Dienstboten müssen stets ehrerbietig gegen ihre Herrschaft und höflich gegen jedermann sein und sich eines ruhigen, anständigen Benehmens befleißigen. Die Herrschaft und alle Standespersonen werden, je nach Landessitte, aber meistens in der dritten Person angeredet und immer der Titel dabei – „Haben die gnädige Frau –", „Befehlen der gnädige Herr –", oder wie der Titel denn ist. – Wenn ein Auftrag gegeben wird, so sagen sie „zu Befehl" (nicht „Jawohl" oder „Ja!"), und werden sie gerufen oder ist etwas nicht verstanden „Wie befehlen?" (nicht „Was gefällig?" oder gar „Was?"); haben sie etwas zu verlangen „Ich bitte um" (nicht „Seien Sie so freundlich!") oder etwas anzubieten, welches aber meistens nur beim Servieren der Suppe vorkommt, da alles andere natürlich schweigend dargeboten wird „Befehlen gnädige Frau noch?" (nicht „Wünschen Sie?"); bei Anmeldung der Mahlzeiten „Es ist serviert" oder „Es ist aufgetragen!", bei Anmeldung eines Wagens oder von Pferden „Der Wagen ist angefahren!" oder „Die Pferde sind vorgeführt!", und immer der betreffende Titel vorher. Die Mahlzeiten werden der Dame des Hauses gemeldet. Bei den Meldungen darf man nicht an der Thüre stehen bleiben, sondern muß sich den Personen nähern (nicht zu sehr) und die Meldung deutlich sprechen.

Wilhelm Spemann, Schatzkästlein des guten Rates, 7. Aufl., Stuttgart / Berlin 1898, S. 241

Abb. 7 und 8: Die Verteilung der staatlichen Lasten und die Sozialleistungen im Kaiserreich. Wahlpropaganda der katholischen Zentrumspartei

Wilhelm II.: „Vorschläge zur Verbesserung der Lage der Arbeiter“, 22. Januar 1890 **31**

Die Frage von dem sogenannten Schutz der Arbeiter ist nicht bloß von dem Standpunkte der Menschenliebe zu beurteilen; sie hat eine gleich schwerwiegende wirtschaftliche und sittliche Bedeutung.
Würde ein Normalarbeitstag von 8 Stunden, ein Ausschluß jeder Frauenarbeit, die weitgehende Beschränkung der Kinderarbeit (bis zu 14 Jahren) herbeigeführt werden, so ist in sittlicher Beziehung zu befürchten:
1. daß der erwachsene Arbeiter seine freie Zeit im Wirtshaus zubringt, daß er mehr als bisher an agitatorischen Versammlungen teilnimmt, mehr Geld ausgibt und, obwohl der Lohn derselbe bleiben wird, wie für den bisherigen Arbeitstag, doch nicht zufrieden ist;
2. daß der Zuschuß, den mitarbeitende Ehefrauen und Kinder zu den Kosten des Haushalts beitragen, wegfällt, daß dieser Haushalt gezwungen wird, sich noch mehr als bisher einzuschränken, und daß mit dem schwindenden materiellen Wohlbefinden auch das Familienleben einen Stoß erhält;
3. daß die heranwachsenden Kinder, insbesondere die halbwüchsigen Burschen und Mädchen sich außerhalb des Hauses umhertreiben und sittlich verwahrlosen und verwildern.
Diese üblen Folgen werden weniger zu fürchten sein, wenn die Werke der Nächstenliebe in viel höherem Umfange gediehen sind.
Bis dahin kann nur mit großer Vorsicht vorgegangen werden. In wirtschaftlicher Beziehung ist zu erwägen, daß durch eine zu weit gehende Arbeiterschutz-Gesetzgebung eine unverhältnismäßige Belastung der deutschen Industrie gegenüber der ausländischen herbeigeführt und die erstere in dem Wettbewerb im Weltverkehr beeinträchtigt wird. Schon jetzt ist die deutsche Industrie infolge der Arbeiter-Versicherungsgesetze mehr belastet als die ausländische. Wird auf dieser Bahn weiter fortgeschritten, und kann Deutschland nicht mehr die Konkurrenz des Auslandes vertragen, so tritt mit der Schädigung der Industrie auch eine Schädigung im Verdienst der Arbeiter ein.
Nichtsdestoweniger kann unter Einhaltung der gedachten Gesichtspunkte noch viel in Deutschland zum Schutze der Arbeiter geschehen.

gez. Wilhelm II.

Fürst Bismarcks Entlassung. Nach den Papieren Boettichers und Rottenburgs, hg. von Frhr. v. Eppstein, Berlin 1920, S. 154 f.

Die Mittelschichten

Die Stellung der Meister in einer Maschinenfabrik in Chemnitz 1890 **32**

Wieder anders als die Monteure standen in der Fabrik die Meister. Bei ihnen trat, obgleich auch sie häufig aus ganz einfachen Arbeiterkreisen, aber wohl nur selten aus derselben Fabrik herausgewachsen waren, die gesellschaftliche

Überordnung während und noch mehr außerhalb der Arbeit klar und offen zutage. Schon durch ihre Kleidung unterschieden sie sich in der Fabrik von allen übrigen; sie trugen keinen eigentlichen Arbeitsanzug, sondern auch während der Arbeit den üblichen modischen Rock, Schlips und weiße Wäsche. Sie bildeten das Bindeglied zwischen der Arbeiterschaft und den höheren Beamten des Etablissements bis zu den Direktoren hinauf; sie sind, ich weiß in der That keinen besseren Vergleich, die Feldwebel in der Fabrik. Sie sind die technischen Leiter des Betriebes im Detail dem Direktor hierin wie bezüglich der Persönlichkeiten der einzelnen Arbeiter maßgebend und verantwortlich; sie kontrollierten die Arbeiter alle und hatten – was von besonderer Bedeutung ist – Einfluß auf die Höhe des Stunden- wie namentlich des Akkordlohnes des einzelnen Mannes. Sie gaben das Tempo für den Gang der Arbeit mit an und hatten es in der Hand, daß auch bei flauerm Geschäftsgange Leute nicht entlassen, sondern mit durchgeschleppt wurden. Traten wirklich Betriebseinschränkungen ein, so bestimmten ebenfalls sie mit, wer von den Leuten zu gehen habe; endlich waren sie imstande, manches mißratene Stück unbemerkt zu beseitigen, manches Verpfuschte zu vertuschen. Das alles macht sie für die Arbeiter ebenso wie für die Direktoren zu den wichtigsten Persönlichkeiten in der Fabrik, und es bestimmte auch sichtlich ihr Verhältnis und ihren Verkehr zu den Leuten und umgekehrt.

Paul Göhre, Drei Monate Fabrikarbeiter und Handwerksbursche. Eine praktische Studie, Leipzig 1891, S. 83

33 Die Angestellten (Privatbeamten)

...Für die technische, kaufmännische, aber auch für die wissenschaftliche, künstlerische und politische Ausbildung des Volkes, allgemein: für den gesamten Fortschritt rückt immer mehr der Privatbeamte in eine der ersten Stellen.

Entspricht nun die wirtschaftliche, rechtliche, soziale Stellung der Privatangestellten ihrer Bedeutung und ihren Leistungen? Ich glaube, im großen und ganzen wird man diese Frage mit „Nein“ beantworten müssen.

Kennzeichnend dafür ist u. a. die Sehnsucht der Privatbeamten nach Gleichstellung mit den staatlichen oder Kommunalbeamten. Gewiß sind es zu großem Teile wirtschaftliche Rücksichten, die Sicherheit der Stellung und die Aussicht auf Pension, die für den Privatangestellten die Beamtenqualität erstrebenswert machen, aber zum großen Teile ist es auch das Streben nach gesellschaftlicher Anerkennung, nach Hebung des Ansehens, was die Sehnsucht hervorruft, aus Angestellten zu Beamten zu werden.

Fragen wir nach dem Grunde dieser Tatsache und lassen alles Nebensächliche beiseite, so werden wir als Hauptursache anerkennen müssen: *den Mangel an Selbstbewußsein und an Organisation.* Organisation ist einmal das Hauptwort unserer Zeit. Die Arbeiter haben das erste, große Beispiel gegeben. Die Landwirte sind ihnen gefolgt. Neuerdings schließen die Handwerker, die Ärzte und andere Stände sich zusammen. Neben die rein wirtschaftlichen Verbindungen der Kartelle und Syndikate treten die verschiedensten sonstigen Organisationen der Unternehmer, der Arbeitgeber. Auch unter den Angestellten gibt es zahlreiche und tüchtige Organisationen, aber sie umfassen nur einzelne Berufszweige, sie sind ohne den nötigen Zusammenhang. Es fehlt ihnen das Gefühl der Zusammengehörigkeit. Handlungsgehilfen, Redakteure, Lehrer, Techniker, Chemiker, Gutsbeamte, Sekretäre usw. sie fühlen sich nicht als Glieder eines Standes. Was der Arbeiter sein Klassenbewußtsein nennt, was wir besser das Standesbewußtsein nennen, das fehlt.

Heinz Potthoff, Die Organisation des Privatbeamtenstandes, hg. vom Deutschen Brennmeister-Bund, Berlin 1904, S. 5 f.

Ausgaben eines unverheirateten, finanziell relativ gut gestellten Schlossers 1880/81 34

Ausgaben für	Summe	Ausgaben für	Summe
1. Miete	126,--	(Übertrag)	780,10
2. Möbel, Hausgerät	-,--	7. Kleidung neu	78,20
3. Brennmaterial	-,--	rep.	5,50
4. Beleuchtung	11,--	Stiefel neu	27,--
5. Nahrung überhaupt	525,35	rep.	6,50
(im Hause) Fleisch, Wurst	156,10	8. Wäsche neu	40,45
Eier	12,30	rep.	4,75
Brot	29,45	Reinigung (Wäsche)	31,45
Kaffee	46,30	9. Steuern	8,84
Butter	44,20	10. Arzt, Apotheke	5,90
Schmalz	7,75	Krankheits- und Sterbekosten	17,55
Obst	18,10	Bäder	9,--
(außer Hause) 1. Frühstück	2,10	11. Unterricht	3,40
2. Frühstück	8,90	Bücher, Zeitung	5,--
Mittagessen	187,85	Vereinsbeiträge	5,80
Vesper	4,30	Korrespondenz	2,80
Abendessen	8,--	12. Tabak	15,80
6. Getränke überhaupt	117,95	Vergnügen	79,--
Bier i. Hause	46,20		
Bier a. d. Hause	70,75		
Branntwein	-,80		
Überhaupt			1127,04

Nach: Jürgen Kuczynski, Die Geschichte der Lage der Arbeiter unter dem Kapitalismus, Bd. 3, Berlin 1962, S. 321

Bildung als Motor zum sozialen Aufstieg

35 Die soziale Herkunft der preußischen Studenten 1810–1911 (Angaben in %)

Soziale Schichten	Berlin	Preußen		
	1810–1870	1887	1899	1911
Bildung (höhere Beamte, freie Berufe, Offiziere)	44	23,8	24,0	20,8
Besitz (Gutsbesitzer, Industrielle, Bankiers, Großhändler, Rentiers, leitende Angestellte)	30	53,5 (Besitz und alter Mittelstand)	52,5 (Besitz und alter Mittelstand)	19,0
alter Mittelstand (Bauern, Handwerker, Kleinhändler, Unteroffiziere)	25 (alter und neuer Mittelstand)			27,9
neuer Mittelstand (mittlere und untere Beamte, Lehrer, Angestellte)		21,8	22,0	29,9
Unterschicht (Arbeiter, Dienstboten, Soldaten)	–	0,7	0,8	1,6
	100,0	100,0	100,0	100,0
Studenten insges.	5966	12861	12565	40587

Peter Lundgreen, Sozialgeschichte der deutschen Schule im Überblick, Bd. 1: 1770–1918, Göttingen 1980, S. 108

36 Der Lohn des sozialen Aufstiegs. Bericht eines Bürgers der Stadt Magdeburg über den Empfang des Kaisers 1880

Die Stadtverordneten-Versammlung hatte mich mit in die Empfangs-Commission gewählt und ich gehörte dem engsten Comité an. Namentlich lag, neben einem der Stadträthe, einem Stadtverordneten und mir die specielle Sorge für das Festmahl, und wieder, als Vorstands-Mitglied des Stadttheater-Actien-Vereins, auch noch die äußere Einrichtung der für den Abend angesetzten Festvorstellung ob..

Wir hatten als Mitglieder der speciellen Commission die Ehre, die in Begleitung der städtischen Spitzen ankommenden Herrschaften zuerst zu begrüßen und ihnen vorgestellt zu werden, und noch heute bin ich des Glückes voll, über die Leutseligkeit und die Güte, welche die hohen Herrschaften und ganz besonders Seine Kaiserliche und Königliche Hoheit der Kronprinz zeigten. Unvergeßlich ist mir die namentlich nach Tische im anstoßenden großen Arbeitssaal der Loge, der für diesen Tag zum Empfang der hohen Herrschaften und zur Einnahme des Kaffees hergerichtet war, vom Kronprinzen gezeigte Herablassung und Leutseligkeit, wie seine freundlichen und scherzenden Bemerkungen im Gespräch. Unvergeßlich ist mir aber auch das große gütige Auge unseres geliebten alten Kaisers, als er, dicht vor mir stehend, uns Stadtverordnete auf dem Alten Markte bei seiner Ankunft mit freundlichen Worten begrüßte. Herrlich waren auch die Worte, welche Seine Kaiserliche Hoheit der Kronprinz in Erwiderung auf die Rede und das Hoch des Oberbürgermeisters auf den Kaiser und das Herrscherhaus sprach. Es waren erst einige Tage vergangen, seitdem die Verlobung unseres jetzigen Kaisers mit der Prinzessin Auguste Victoria von Schleswig-Holstein, unserer erhabenen Kaiserin, erfolgt war. Er sprach darüber und sagte, es sei ihm eine besondere Freude, daß er gerade in Magdeburg zuerst im großen Kreise dies freudige Ereigniß berühren könne, der Stadt, für die seine Großmutter, die unvergeßliche Königin Luise, so viel Liebe gehabt hätte, und dann sprach er den Wunsch aus, daß seine zukünftige Schwiegertochter, unsere jetzige erhabene Kaiserin, einstmals auch so viel Liebe im Volke finden möge, wie sie der verewigten hohen Frau stets und vor allen Dingen in ihrem herben Leid um das Vaterland zu Theil geworden sei. Und wie ist dieser Wunsch zur Wahrheit geworden!

Ein schönes theures Andenken hat mir der Tag gebracht. Meine Frau hatte zu der kleinen Frühstückstafel in der Ausstellung die Champagnergläser gegeben, und unter meinen Augen bezeichnete und verpackte der Diener die Gläser, aus denen Kaiser Wilhelm und der Kronprinz getrunken hatten, und sie bilden mit darauf gravirter Inschrift und Krone einen theuren Familienschatz meines Hauses.

Um 8 Uhr begann die Theatervorstellung und als mein College und ich, so zu sagen als Hausherren, die hohen Herrschaften bei der Anfahrt vor dem Vestibül empfingen, gab der Kronprinz einen neuen Beweis seiner herzgewinnenden scherzenden Leutseligkeit und guten Laune, indem er mich mit den Worten anredete: „Mein Gott, da sind Sie ja schon wieder!"...

Otto Pilet, Ein Rückblick auf mein Leben, insbesonders auf die Entwicklung des Handels in den letzten 50 Jahren, Magdeburg 1900, S. 67f.

Adel und großbürgerliche Klasse

Exklusivität der lokalen Unternehmerschicht am Beispiel Remscheids 1880 — 37

Remscheid bot in seinem gesellschaftlichen Aufbau das gleiche Bild wie viele andere kleine Städte der damaligen Zeit. Ohne Verkehr mit einer naheliegenden Großstadt, durch die Fabrikation seiner Spezialitäten in sich abgeschlossen und von der Umgebung fast unbeeinflußt, gliederte sich die Gesellschaft wie die Stadtverwaltung auf Grund des damals ausschlaggebenden Klassensteuergesetzes. Die reicheren, an der Spitze der Remscheider Industrie stehenden Familien bildeten daher eine in sich abgesonderte Klasse der Remscheider Bewohner. Natürlich gab es in dieser Klasse verschiedene Höhenstufen, also auch weniger bedeutende Firmen, deren Familien wohl auch zur „Gesellschaft" gehörig betrachtet wurden, aber doch nicht das gleiche Ansehen genossen. Die allsonntäglichen Zusammenkünfte nachmittags von

5 bis 8 Uhr im Hotel „Zum Weinberg“ waren zumal für den beobachtenden Fremden hochinteressant. Hier fanden sich um diese Zeit alle Herren der Gesellschaft zu einem Glase Wein zusammen. Man saß getrennt an Tischen je nach der Höhe des Steuerzettels, und hielt dabei sehr auf Ordnung und duldete keine Überhebungen. Nur ausnahmsweise, meist nur aus verwandtschaftlichen oder geschäftlichen Gründen wurde die Steuergrenze durchbrochen. So gab es z.B. als obersten Rang einen sogenannten „zehnkäntigen“ Tisch, der auch Kommerzienratstisch genannt wurde, an dem zwar nicht nur Kommerzienräte, sondern auch Brüder, Schwäger, Vettern dieser Herren saßen. An einem andern angesehenen Tisch saßen 12 ältere Herren, die böse Zungen „die zwölf Apostel“ nannten.

Die verwandtschaftlichen Beziehungen der Remscheider Familien untereinander waren ungemein weitverzweigt. Für einen zugezogenen „hergelopenen Kerl“ waren sie vollständig unentwirrbar, so daß man sich in Gesellschaft hüten mußte, einen Abwesenden abfällig zu kritisieren, weil fast immer einer der Anwesenden mit ihm „verwandt“ war. Man rechnete zur Verwandtschaft gehörig und daher mit Vetter und Kusine zu titulieren alle in noch so entfernten Verwandtschaftsgruppen Angeheiratete. Ich hatte z.B. gelegentlich eines Essens einmal eine Remscheiderin als Tischnachbarin, die mir erzählte, daß sie nicht weniger als 83 Vettern und Kusinen, fast alle in Remscheid wohnend, besitze. Diese Zahl zeigt aber außerdem auch, in welch ausgedehntem Maße die Heiraten der Remscheider Gesellschaft untereinander stattfanden. Leider folgte daraus häufig eine Degeneration mit ihren hinlänglich bekannten Folgen. Die „hergelopenen Kerls“ empfanden diese große Versippung der Remscheider Gesellschaft manchmal recht bedrückend. Man hörte daher oft bittere Klagen und recht abfällige Urteile über die Remscheider Gesellschaft; so habe ich, zumal aus Juristenkreisen, des öfteren den Wunsch gehört: „Wäre ich aus diesem langweiligen Nest nur erst wieder fort.“ Für diese Art Leute war es besonders schwer, sich der ganz aufs Geldverdienen eingestellten kaufmännischen Gesellschaft anzupassen. Die Remscheider taxierten damals den Menschen in der Hauptsache nach der Höhe seiner Einnahmen, und da schnitten die Staatsbeamten schlecht ab.

Rudolf Bungeroth, 50 Jahre Mannesmannröhren 1884/1934, Berlin 1934, S. 5ff.

38 Das Haus des Industriellen. Der Herrensitz war ein traditionelles Element in der Selbstdarstellung des Adels; ihn ahmte der neue Fabrikantenstand nach.

Die Treibelsche Villa lag auf einem großen Grundstücke, das, in bedeutender Tiefe, von der Köpenicker Straße bis an die Spree reichte. Früher hatten hier in unmittelbarer Nähe des Flusses nur Fabrikgebäude gestanden, in denen alljährlich ungezählte Zentner von Blutlaugensalz und später, als sich die Fabrik erweiterte, kaum geringere Quantitäten von Berlinerblau hergestellt worden waren. Als aber nach dem siebziger Kriege die Milliarden ins Land kamen und die Gründeranschauungen selbst die nüchternsten Köpfe zu beherrschen anfingen, fand auch Kommerzienrat Treibel sein bis dahin in der

Alten Jakobstraße gelegenes Wohnhaus, trotzdem es von Gontard, ja nach einigen sogar von Knobelsdorff herrühren sollte, nicht mehr zeit- und standesgemäß, und baute sich auf seinem Fabrikgrundstück eine modische Villa mit kleinem Vorder- und parkartigem Hintergarten. Diese Villa war ein Hochparterrebau mit abgesetztem ersten Stock, welcher letzterer jedoch, um seiner niedrigen Fenster willen, eher den Eindruck eines Mezzanin[8] als einer Beletage[9] machte. Hier wohnte Treibel seit sechzehn Jahren und begriff nicht, daß er es, einem noch dazu bloß gemutmaßten fridericianischen Baumeister zuliebe, so lange Zeit hindurch in der unvornehmen und aller frischen Luft entbehrenden Alten Jakobstraße ausgehalten habe: Gefühle, die von seiner Frau Jenny mindestens geteilt wurden. Die Nähe der Fabrik, wenn der Wind ungünstig stand, hatte freilich auch allerlei Mißliches im Geleite; Nordwind aber, der den Qualm herantrieb, war notorisch selten, und man brauchte ja die Gesellschaft nicht gerade bei Nordwind zu geben. Außerdem ließ Treibel die Fabrikschornsteine mit jedem Jahr höher hinaufführen und beseitigte damit den anfänglichen Übelstand immer mehr.

Das Diner war zu sechs Uhr festgesetzt; aber bereits eine Stunde vorher sah man Hustersche Wagen[10] mit runden und viereckigen Körben vor dem Gittereingange halten. Die Kommerzienrätin, schon in voller Toilette, beobachtete von dem Fenster ihres Boudoirs[11] aus all diese Vorbereitungen und nahm auch heute wieder, und zwar nicht ohne Berechtigung, Anstoß daran. „Daß Treibel es auch versäumen mußte, für einen Nebeneingang Sorge zu tragen!“ Wenn er damals nur ein vier Fuß breites Terrain von dem Nachbargrundstück zukaufte, so hätten wir einen Eingang für derart Leute gehabt. Jetzt marschiert jeder Küchenjunge durch den Vorgarten, gerade auf unser Haus zu, wie wenn er miteingeladen wäre. Das sieht lächerlich aus und auch anspruchsvoll, als ob die ganze Köpenicker Straße wissen solle: Treibels geben heut ein Diner. Außerdem ist es unklug, dem Neid der Menschen und dem sozialdemokratischen Gefühl so ganz nutzlos neue Nahrung zu geben.“

Theodor Fontane, Frau Jenny Treibel, Frankfurt/M. 1970, S. 14f.

Titelverleihung an bedeutende Personen aus der Wirtschaft. Bismarck beantragt in einem Schreiben an Wilhelm I. die Verleihung des Titels „Geheimer Kommerzienrat“ an Friedrich Krupp, 9. Oktober 1887. **39**

Mit dem am 14. Juli d. J. erfolgten Tode des Geh. Kommerzienrats Alfred Krupp sind die von demselben unter der Firma Friedrich Krupp zu Essen betriebenen großartigen Fabriken in den Besitz seines Sohnes Friedrich Alfred Krupp übergegangen. Der letztere hat bereits in Vertretung seines Vaters an der Verwaltung der ausgedehnten Werke hervorragenden Anteil genommen und persönlich durch vielfache lang andauernde Reisen im Ausland den hei-

[8] Zwischengeschoß
[9] Hauptgeschoß eines Gebäudes
[10] Lieferantenwagen
[11] Putzzimmer

mischen Fabrikaten neue Absatzgebiete verschafft und dadurch die Leistungsfähigkeit der deutschen Konkurrenz auf dem Weltmarkte gekräftigt. Wegen seines Interesses für das Wohl der Arbeiter und wegen seines humanen Charakters allgemein beliebt und geachtet, ist er bei passenden Gelegenheiten bestrebt, durch persönliches Eintreten die Treue gegen E. K. und K. M. und die Vaterlandsliebe zu fördern. Durch Allerhöchsten Erlaß vom 6. Juli d. J. ist er mit dem Roten Adlerorden IV. Klasse begnadigt worden. In seiner neuen Stellung als Besitzer der weltberühmten Fabrikanlagen nimmt er eine der hervorragendsten Stellungen in der bürgerlichen Gesellschaft und in den industriellen Kreisen ein. Ich würde es für angemessen erachten, daß diese seine Stellung auch äußerlich durch den entsprechenden Titel gekennzeichnet wird, und gestatte mir daher, die Verleihung des Charakters als Geh. Kommerzienrat an Krupp ehrfurchtsvoll in Vorschlag zu bringen.
Nach der von E. M. wiederholt zu erkennen gegebenen Allerhöchsten Willensmeinung soll die Verleihung dieses Titels an solche Personen, welche zuvor den Titel Kommerzienrat nicht geführt haben, nur ausnahmsweise erfolgen. Zu einer solchen Ausnahme dürfte nicht leicht jemals ein mehr zutreffender Anlaß vorhanden sein als in dem vorliegenden Falle, in welchem die Gnadenbezeugung für den Chef einer in ihrer Bedeutung einzig in der Welt dastehenden Fabrik erbeten wird.

Willi A. Boelcke (Hg.), Krupp und die Hohenzollern. Krupp-Korrespondenz mit Kaisern, Kabinettschefs und Ministern 1850–1918, Frankfurt/M. 1976, S. 95

40 Die Hochfinanz auf dem Vormarsch in den preußischen Adel

Zwei Bestandteile der alten Berliner Gesellschaft wurden von der Umwälzung [im November 1918] am wenigsten berührt: die Hochfinanz und die Diplomatie. Zur Hofgesellschaft rechnete man die Hochfinanz allerdings nur insoweit, als sie des Adels teilhaftig geworden war. „Inländische“ Damen, die ohne Adelsprädikat die Hoffähigkeit besaßen, waren lediglich die Frauen und Töchter von Ministern. Kaiser Wilhelm II. hat der Hochfinanz die Türen zum Weißen Saale im alten Schlosse an der Spree weiter geöffnet als seine Vorgänger auf dem Throne. Und ohne den Sturz der Monarchie würde sich die Zahl der von ihm nobilitierten Bank- und Industriemagnaten noch alljährlich vergrößert haben. Die Nobilitierungsgesuche, auch von Generalen und Beamten... hatten sich im Heroldsamt, einer Abteilung des Ministeriums des königlichen Hauses, zu Haufen gestapelt. Der verstorbene Chef des Heroldsamtes, von Borwitz, sagte mir gelegentlich, man hätte sich zu einer Art von „Kontingentierung“ entschließen müssen, indem in jedem Jahr nur eine bestimmte Anzahl von Nobilitierungen bewilligt wurde. Es dauerte mitunter jahrelang, ehe ein Gesuch an die Reihe kam.
Der preußische Landadel, der früher den Kern der Besucher der Hoffeste geliefert hatte, hielt sich ihnen unter Wilhelm II. immer mehr fern. Die Landwirtschaft hatte nicht mehr für alle, die sie betrieben, einen „goldenen Boden“. In wenigen Wochen verschlang eine Hofsaison die Arbeit vieler Mona-

te. Der auch politisch verstimmte „notleidende Agrarier“ beschränkte sich darauf, Frau und Töchter zur „Landwirtschaftlichen Woche“ nach Berlin zu führen, falls er es nicht vorzog, sich ohne sie in den Strudel Sündenbabels zu stürzen. Bei Hof könnten sie, so sagte er, ja doch nicht rivalisieren mit den Toiletten, dem Schmuck der Damen des reichen Jungadels.
Wilhelm II. verkannte diese Evolution nicht. Und er sah es als eine seiner Herrscherpflichten an, den Wünschen von Millionären nach Auszeichnungen – Orden und Adelsbriefen – entgegenzukommen, daran aber die Bedingung gemeinnütziger Spenden oder Stiftungen zu knüpfen. Englische Vorbilder mochten ihm dabei vorschweben. Einfache und Geheime Kommerzienräte errichteten Majorate in der „bedrohten Ostmark“, gaben namhafte Summen für Kirchenbauten, für den Ankauf von Kunstwerken, für Wohltätigkeitsinstitute und wissenschaftliche Forschungen. Deshalb von einer „Käuflichkeit“ von Orden und Adel zu sprechen, war zumindest übertrieben, nicht selten der Ausfluß von Neid und Mißgunst.

Adolf von Wilke, Alt-Berliner Erinnerungen, Berlin 1930, S. 232f.

Lebensformen des aufgestiegenen Bürgertums. Der SPD-Abgeordnete Wendel vor dem Deutschen Reichstag 1914 **41**

In England hat die bürgerliche Klasse nicht nur die politische und wirtschaftliche Macht erobert, sondern die Lebensanschauungen, Sitten und Gebräuche des Volkes sind mit bürgerlichem Geiste durchsetzt worden. In England ist auch die feudale Klasse in ihrem Wesen verbürgerlicht, und deshalb war es in England möglich, der feudalen Unsitte des Zweikampfes die Wurzeln abzugraben.
Umgekehrt ist es in Deutschland. Die geschichtliche Entwicklung Deutschlands hat es mit sich gebracht, daß die bürgerliche Klasse feudalisiert und militarisiert worden ist. (Sehr gut! bei den Sozialdemokraten.) Nicht der ehrenwerte Bürger ist das vielfach gangbare Lebensideal für die Mittelklasse des deutschen Volkes, sondern der schneidige Herr „von“ mit dem aufgedrehten Schnurrbart. (Heiterkeit.) Ein junger Kaufmann will bei uns nicht aussehen wie ein junger Kaufmann, sondern womöglich wie ein Leutnant in Zivil. (Heiterkeit.) Und ein Jüngling allerbürgerlichster Herkunft schafft sich, wenn er Ehrgeiz hat, zunächst ein Monokel an und dann diesen imponierenden königlich preußischen Schnarrton. (Heiterkeit.) Da ist es gar kein Wunder, daß die bürgerliche Klasse dem Duell keinen energischen Widerstand entgegensetzt, sondern daß sie bei ihrem krankhaften zurückgebliebenen Klassenselbstbewußtsein sich der Unsitte anbequemt, eben weil sie feudal ist… als vor einem Jahrzehnt etwa eine Antiduelliga in Deutschland begründet wurde und auf einem Kongreß dieser Antiduelliga der ganz selbstverständliche Antrag gestellt wurde, daß kein Mitglied dieses Verbandes sich auf einen Zweikampf einlassen dürfe, da gab es entrüsteten Widerspruch auf dem Kongreß, und der Antrag wurde abgelehnt; es wurde der Beschluß gefaßt – ich weiß nicht, ob Nationalliberale dabei gewesen waren –, (Heiterkeit)

im Prinzip sei zwar der Zweikampf zu verwerfen und bis zum äußersten zu bekämpfen, aber im gegebenen Fall dürfe jedes Mitglied dieser Antiduelliga so handeln, wie es es für gut halte. (Große Heiterkeit.) Es war also eine Art Verein zur Bekämpfung des Duells mit unbedingter Satisfaktion.

Stenographische Berichte über die Verhandlungen des Deutschen Reichstages, Bd. 294, S. 8091

42 **Die höhere Beamtenschaft in Preußen** (Stand 1911)

Dienststellung	Beruf der Eltern							
	Gesamtzahl	Beamte und Offiziersfamilien	Freie wissenschaftliche Berufe, Rechtsanwälte, Professoren, Lehrer, Geistliche	Landwirte	Handel und Gewerbe	Alter (agrarischer) Adel	Neuer (Beamten- und Berufs-) Adel	Nichtadelig
Oberpräsidenten	12	7	–	5	–	7	4	1
Regierungspräsidenten	36	21	1	10	4	16	7	13
Oberpräsidialräte	12	4	2	5	1	6	–	6
Oberregierungsräte	141	60	18	33	30	27	5	109
Verwaltungsgerichtsdirektoren	36	17	9	5	5	2	–	34
Polizeipräsidenten	22	11	2	5	4	11	4	7
Regierungsräte	612	279	97	114	122	117	22	473
Regierungsassessoren	506	258	63	92	93	161	34	311
Landräte und Oberamtmänner	481	228	30	152	71	241	27	213
Summe	1858	885	222	421	330	588	103	1167
1. Staatsminister	11	–	–	–	–	5	2	4
2. Unterstaatssekretäre	9	–	–	–	–	2	–	7
3. Ministerialdirektoren	28	–	–	–	–	5	1	22
4. Senatspräsidenten beim Oberverwaltungsgericht	8	–	–	–	–	1	–	7
5. Vortragende Räte in den Ministerien, bei der Oberrechnungskammer und Staatsschuldenverwaltung	244	–	–	–	–	20	10	214
6. Oberverwaltungsgerichtsräte	45	–	–	–	–	4	–	41
Summe	345					37	13	295

Deutsche Sozialgeschichte, Bd. II, hg. von Gerhard Ritter und Jürgen Kocka, S. 369

Abb. 9: Hochnotpeinliche Assessorenmusterung in Preußen. Karikatur aus dem „Kladderadatsch", 1910

Protektion des Hofes. Aktennotiz Wilhelms II. auf Veranlassung der Oberhofmeisterin der Kaiserin, Gräfin von Brockdorff, aus Anlaß der Übernahme ihres Neffen, des Grafen von Brockdorff-Rantzau, in den diplomatischen Dienst 43

Seine Majestät wünscht: Gräfin Brockdorff wünscht, daß man ein wohlwollendes Auge auf den jetzt in den diplomatischen Dienst einzustellenden Herrn Dr. Rantzau-Brockdorff, früher Offizier, wende!

Leo Haupts, Ulrich Graf von Brockdorff-Rantzau. Diplomat und Minister in Kaiserreich und Republik, Göttingen 1984, S. 11

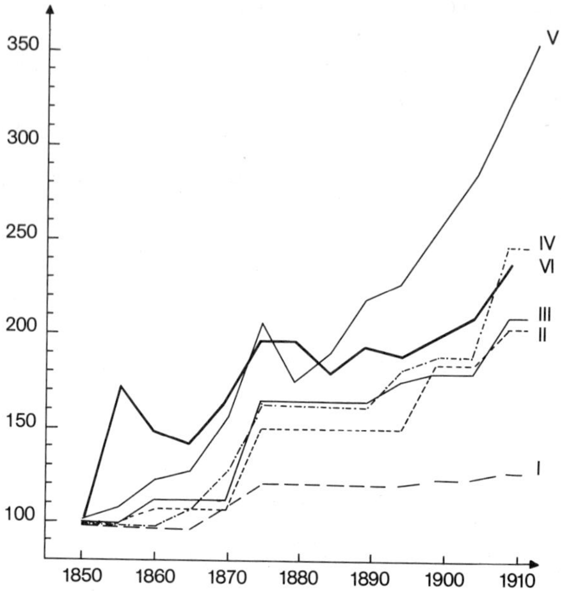

I Höchste Beamte
II Höhere Beamte
III Subalternbeamte
IV Unterbeamte
V Industriearbeiter und Handwerker
VI Lebenshaltungskosten

Abb. 10: Der Anstieg der Löhne der Industriearbeiter und Handwerker im Vergleich zu der Einkommensentwicklung in den verschiedenen Beamtenklassen und der Veränderung der Lebenshaltungskosten (Index: Stand von 1850 = 100). Nach: Herbert Reinke, Bürokratie im politischen System Deutschlands, S. 121

44 Zur wirtschaftlichen Lage der höheren Beamtenschaft
(Anteile der Einkommenarten in %)

	Einnahmen aus Dienstbesoldung	Einnahmen aus Privattätigkeit	Zuschüsse der Eltern
1899	48	-	52
1904	42	16	42
1909	66	20	14
1910	62	28	10

Herbert Reinke, Bürokratie im politischen System Deutschlands. Studien zur partiellen Ausdifferenzierung der Verwaltung aus dem ganzen Haus, Diss. Köln 1979, S. 120

Das „standesgemäße“ Leben der Beamten 45

Der Mann hat inzwischen Karriere gemacht. Er ist Vortragender Rat in einem Ministerium... Die Kleiderfrage der Tochter macht der Mutter Sorgen, denn dazu langt es nicht mehr recht. Selbstverständlich hat das Mädchen gegen den Sohn zurückzustehen, und der – verbraucht etwas viel. Nicht Schuld des Jungen, der immer brav und fleißig war! Aber er mußte doch in ein Korps eintreten und darf und kann da nicht gegen die anderen jungen Leute zurückstecken...

Eigentlich war es ein Scheindasein, das man führte: die gesellschaftlichen Verpflichtungen verschlangen eben doch über Gebühr. Man mußte standesgemäß leben, und das Standesgemäße war das Überstandesgemäße...

Ernst Heilborn, Zwischen zwei Revolutionen, Berlin 1927, S. 214f.

Rekrutierungsgrenze für das Offizierskorps 1890. Auszug aus der Kaiserlichen Kabinettsordre vom 29. März 1890 46

...Die allmähliche Vermehrung der Kadres der Armee hat die Gesamtzahl der etatsmäßigen Offizierstellen beträchtlich erhöht. Für dieselben einen geeigneten und möglichst zahlreichen Ersatz zu schaffen, ist ein dringendes Erforderniß... Gegenwärtig weisen fast alle Regimenter der Infanterie und der Feldartillerie erhebliche Lücken auf. Diese Lage macht die Heranziehung eines ausreichenden und geeigneten Ersatzes zu einer von Tag zu Tag wichtigeren und ernsteren Pflicht der Truppenkommandeure. Der gesteigerte Bildungsgrad unseres Volkes bietet die Möglichkeit, die Kreise zu erweitern, welche für die Ergänzung des Offizierkorps in Betracht kommen. Nicht der Adel der Geburt allein kann heutzutage wie vordem das Vorrecht für sich in Anspruch nehmen, der Armee ihre Offiziere zu stellen. Aber der Adel der Gesinnung, der das Offizierkorps zu allen Zeiten beseelt hat, soll und muß demselben unverändert erhalten bleiben. Und das ist nur möglich, wenn die Offizieraspiranten aus solchen Kreisen genommen werden, in denen dieser Adel der Gesinnung zu Hause ist. Neben den Sprossen der adligen Geschlechter des Landes, neben den Söhnen Meiner braven Offiziere und Beamten, die nach alter Tradition die Grundpfeiler des Offizierkorps bilden, erblicke Ich die Träger der Zukunft Meiner Armee auch in den Söhnen solcher ehrenwerther bürgerlicher Häuser, in denen die Liebe zu König und Vaterland, ein warmes Herz für den Soldatenstand und christliche Gesittung gepflegt und anerzogen werden. Ich kann es nicht gutheißen, wenn manche Kommandeure sich für die Heranziehung des Offizicrersatzes eigene, einseitige Grundsätze schaffen, wenn beispielsweise die Grenzen der erforderlichen wissenschaftlichen Bildung so eng gezogen werden, daß für die Annahme eines jungen Mannes die Ablegung der Abiturientenprüfung als unabweisbare Bedingung hingestellt wird. Ich muß es mißbilligen, wenn der Eintritt abhängig gemacht wird von einer übermäßig hohen Privatzulage, welche die Söhne wenig begüterter, aber nach Gesinnung und Lebensauffassung dem Offizierkorps nahestehender Familien der Armee fernhalten muß. Um solchen Unzuträglichkeiten Einhalt zu thun, spreche Ich Meinen Willen dahin aus, daß in der Regel die Kommandeure bei der Infanterie, den Jägern, der Fußartillerie und den Pionieren nicht mehr als 45 Mark, bei der Feldartillerie nicht mehr als 70 Mark und bei der Kavallerie nicht mehr als 150 Mark an monatlicher Zulage fordern sollen. Daß die Verhältnisse großer Garnisonen und speziell diejenigen der Truppentheile des Gardekorps geringe Erhöhungen erforderlich machen können, verkenne Ich nicht. Aber Ich erachte es als den Interessen der Armee nachtheilig, wenn... die Forderungen an Privatzulagen bis auf 75 und 100 Mark – an einzelnen Stellen sogar darüber hinaus – gesteigert sind, und wenn dieselben bei der Kavallerie, namentlich bei der Garde, eine Höhe erreicht haben, welche es dem ländlichen Grundbesitzer nahezu unmöglich macht, die Söhne der ihm lieb gewordenen Waffe zuzuführen.

Militär-Wochenblatt, Jg. 75, Berlin 1890

III. Das politische System des kaiserlichen Deutschland

Der von starken traditionellen Kräften getragene Obrigkeitsstaat fand im Kaiserreich eine organisatorisch-politische Ausprägung in Institutionen, die zwar einer autoritären Staatslenkung breiten Spielraum gewährten, sich aber keineswegs zu einem System quasi diktatorischen Charakters zusammenfügten. Die Reichsverfassung war so konstruiert, daß sie unterschiedliche Kräfte des staatlichen Lebens ausbalancieren sollte: die Spannung zwischen Preußen und den anderen Einzelstaaten, das sich im Bundesrat manifestierende Prinzip monarchischer Souveränität und der aus einer unmittelbaren, allgemeinen Wahl hervorgehende, unitarisch wirkende Reichstag, die starke auf Militär und Bürokratie gestützte Exekutive des Monarchen und die für die Gesetzgebung unumgehbare Autorität des Reichstages. In der Realität sollten zwar die die traditionellen Mächte verkörpernden Einrichtungen – der Staat Preußen, der Kaiser, der die Exekutive vertretende Reichskanzler – eine klare Überhand haben, aber ganz ließ sich das nicht verwirklichen. Schon unter Bismarck wuchs die Macht des Reichstages, löste sich aber auch der Kaiser (Wilhelm II. im „persönlichen Regiment") aus der ihm zugedachten Einbindung. Die verschiedenen Elemente des Balanceverhältnisses gerieten in Bewegung, die Positionen der Kräfte verschoben sich, ohne daß allerdings bis zum Zusammenbruch des Kaiserreiches eine eindeutige Veränderung durch die Dominanz einer der konkurrierenden Kräfte eingetreten wäre. Die Parlamentarisierung und in engen Grenzen auch Demokratisierungstendenzen gewannen an Boden, jedoch war keineswegs eine eindeutige Entwicklung abzulesen. Der bürokratische Apparat behauptete sich, und den Parteien fehlte der entschiedene Wille, das System selbst zu verändern. Aber auch der von Bismarck ins Gespräch gebrachte Staatsstreich blieb aus, das „persönliche Regiment" Wilhelms II. war wenig mehr als ein verbaler Kraftakt, und die sich in der III. Obersten Heeresleitung im Ersten Weltkrieg aufgipfelnde Macht der Militärs erreichte nur scheinbar diktatorische Fülle.

1. Die Ideologie des deutschen Regierungssystems

Für den Historiker Heinrich von Sybel bestimmte die Mittellage Deutschlands die Möglichkeiten seiner politischen Verfassung, 1871 47

Wenn diese Bemerkungen einige Wahrheit enthalten, so wird man für Deutschland dem System der parlamentarischen Regierung keinen raschen Triumph prophezeien, man wird dann aber auch in diesem Umstande keine absolute Gefahr für Freiheit und Gedeihen erblicken. Wenn das System nur unter ganz bestimmten historischen und localen Voraussetzungen lebensfähig ist, so kann es eben deshalb auch nicht das einzige allein seligmachende Evangelium der Freiheit sein. Alle irdischen Dinge haben ihre Licht- und Schattenseiten, und nur politische Kinder werden die einen ohne die andern zu haschen suchen. Wer die Vortheile demokratischer Institutionen genießt, muß die Kosten derselben bezahlen. Und hier darf man fragen, ob die Kosten in der That so empfindlich und verderblich sind. Auch wenn eine Volksvertretung, wie in Deutschland und Nordamerika, nicht die Kraft besitzt, Minister ein- und abzusetzen, so ist schon ihr Dasein und ihre Debatte, ihre Kritik des Budgets und ihre Befugniß, mißlungene Gesetzentwürfe zu vernichten, eine höchst bedeutende Schranke gegen jeden willkürlichen Absolutismus der Regierung. Diese Regierung aber in fester Hand und den Wogen der populären Agitation entzogen zu wissen, erscheint uns gegenüber den entsetzlichen Folgen des Gegentheils in Frankreich als unschätzbarer Segen. Deutschland wird auch nach seinen letzten großen Siegen eine höchst gefährdete Stellung in Europa haben zwischen dem rachedurstigen Frankreich, dem ehrgeizigen Rußland, dem schwankenden Oesterreich. Was wir in dieser Lage vor Allem bedürfen, ist Stetigkeit und Sicherheit der Regierung. Eine vierjährige Präsidentenwahl wäre bei uns jedes Mal ein Spiel über Leben und Tod. Es mag idealere Zustände geben als die unserigen; für uns ist es eine Frage des Daseins, daß die guten Fäden unserer politischen Überlieferung nicht leichtsinnig zerrissen werden. Unsere Könige haben die Erfahrung gemacht, daß ihr Militärsystem, welches sie heute zu so beispiellosen Erfolgen geführt hat, auf der Voraussetzung einer weithin im Volke verbreiteten Summe von Cultur, Wohlstand und Patriotismus beruht, und indem wir wissen, daß dies von allen Mitgliedern unserer Regierung deutlich anerkannt wird, giebt uns gerade die Spannung unserer auswärtigen Lage eine feste Bürgschaft, natürlich nicht gegen einzelne Mißgriffe und Irrthümer, wohl aber für ein stetes Streben der Regierung nach Cultur, Wohlstand und Patriotismus, das heißt mit einem Worte, nach Freiheit des Volkes.

Heinrich v. Sybel, Das neue deutsche Reich, in: Vorträge und Aufsätze, 2. Aufl., Berlin 1875, S. 327

48 **Rückgrat des Reiches – Preußen als Militärstaat** 1911

Es muß mit Nachdruck betont werden, daß das stärkste Argument für die Beibehaltung des monarchischen Regierungssystems in derselben Tatsache liegt, die zugleich das historische Fundament seines Bestandes gewesen ist: nämlich in der Tatsache, daß Preußen ein im eminenten Sinne militärischer Staat ist und daß es ebenso wie das von ihm begründete Reich durch die allgemeine politische Lage gezwungen ist, es auf absehbare Zeit zu bleiben. Die Volksgesamtheit hat bei uns eigentlich keine einheitliche politische Form. Das Volk in Waffen ist rein monarchisch organisiert, wenn auch die allgemeine Wehrpflicht dieser Organisation eine nationale volkstümliche Grundlage gegeben hat. In seinem Verhältnis zum Heer ist der Monarch durch keine konstitutionellen Rücksichten gebunden. Die konstitutionelle Verfassung bezieht sich eigentlich nur auf das Volk in seiner Eigenschaft als bürgerliche Gesellschaft. Da aber die Kriegsverfassung doch das Rückgrat der staatlichen Organisation ausmacht, so kann die Vertretung der bürgerlichen Gesellschaft, d.h. der Landtag, niemals zum beherrschenden Einfluß im Staate gelangen.

Otto Hintze, Gesammelte Abhandlungen, Bd. 1, 2. Aufl., Göttingen 1962, S. 377

2. Der Kaiser

Die Machtstellung des Kaisers im Urteil des späteren amerikanischen Präsidenten Wilson **49**

Immer noch sind seine verfassungsmäßigen Vorrechte ganz hervorragend. Im Unterschied zu anderen Präsidenten ist er nicht verantwortlich: er kann nicht abgesetzt werden, sein Amt gehört unaufkündbar zur preußischen Krone, gleichgültig, ob ein König oder nur ein Regent regiert. Er beruft, eröffnet, vertagt und schließt die beiden gesetzgebenden Häuser, den Bundesrat und den Reichstag; den letzteren kann er dazu mit Einwilligung des Bundesrates auflösen. Er ernennt und entläßt nach seinem Gutdünken den Reichskanzler; dieser ist sowohl der Lebensnerv kaiserlicher Verwaltung als auch der Vorsitzende des Bundesrates. Der Kaiser ernennt ebenso – bei Gegenzeichnung des Kanzlers – alle darunter stehenden Beamten der Reichsverwaltung, die er ebenso unter Mitwirkung des Kanzlers entlassen kann. Er kontrolliert die Auswärtigen Beziehungen des Reiches und befehligt die großen militärischen Streitkräfte; und in dieser letzteren Eigenschaft, als Oberbefehlshaber der kaiserlichen Armee, steht es bei ihm, nachdem er einen Bundesratsbeschluß herbeigeführt hat, die Staaten des Reichs, die zu irgendeiner Zeit sich willentlich und hartnäckig der Erfüllung der Bundespflichten entzogen haben, zum Gehorsam zu zwingen. Kurzgefaßt, er besitzt vollständig sowohl die exekutive als auch die repräsentative Macht, wie sie gegenwärtig für das Oberhaupt eines konstitutionellen Staates charakteristisch ist. Es gibt bestimmte Grenzen seiner Macht als Kaiser, Grenzen, die den föderalistischen Charakter des Kaiserreiches kennzeichnen und betonen, und die es zu einem Staat des Rechtes und nicht der Prärogative machen. Aber diese Schranken liegen nichtsdestoweniger reichlich weit entfernt. Indem er, wie das bei ihm der Fall ist, zu der Macht eines erblichen Präsidenten des Kaiserreiches die Kommandogewalt des preußischen Königs hinzufügt und als König von Preußen das beherrschende Mitglied der Union darstellt, besitzt er nicht geringe Aussichten, als der mächtigste Herrscher unserer Zeit angesehen zu werden.

Woodrow Wilson, The State. Elements of Historical and Practical Politics, 2. Aufl., Boston 1901, S. 256 (Übersetzung vom Autor des Heftes)

Die Regierungsgewalt des preußischen Königs. Erlaß König Wilhelms I. an das preußische Staatsministerium vom 4. Januar 1882 **50**

Das Recht des Königs, die Regierung und die Politik Preußens nach eigenem Ermessen zu leiten, ist durch die Verfassung eingeschränkt, aber nicht aufgehoben. Die Regierungsakte des Königs bedürfen der Gegenzeichnung eines Ministers und sind, wie dies auch vor Erlaß der Verfassung geschah, von den Ministern des Königs zu vertreten, aber sie bleiben Regierungsakte des Königs, aus dessen Entschließungen sie hervorgehen und der seine Willensmeinung verfassungsmäßig durch sie ausdrückt. Es ist deshalb nicht zulässig und führt zur Verdunkelung der verfassungsmäßigen Königsrechte, wenn deren Ausübung so dargestellt wird, als ob sie von den dafür verantwortlichen jedesmaligen Ministern und nicht von dem Könige selbst ausginge. Die Verfassung Preußens ist der Ausdruck der monarchischen Tradition dieses Landes, dessen Entwicklung auf den lebendigen Beziehungen seiner Könige zum Volke beruht. Diese Beziehungen lassen sich auf die vom Könige ernannten Minister nicht übertragen, denn sie knüpfen sich an die Person des Königs. Ihre Erhaltung ist eine staatliche Notwendigkeit für Preußen. Es ist deshalb Mein fester Wille, daß sowohl in Preußen wie in den gesetzgebenden Körpern des Reichs über Mein und Meiner Nachfolger verfassungsmäßiges Recht zur persönlichen Leitung der Politik Meiner Regierung kein Zweifel gelassen und der Meinung stets widersprochen werde, als ob die in Preußen jederzeit bestandene und durch Artikel 43 der Verfassung ausgesprochene Unverletzlichkeit der Person des Königs oder die Notwendigkeit verantwortlicher Gegenzeichnung Meinen Regierungsakten die Natur selbständiger königlicher Entschließungen benommen hätte. Es ist die Aufgabe Meiner Minister, Meine verfassungsmäßigen Rechte durch Verwahrung gegen Zweifel und Verdunkelung zu vertreten; das Gleiche erwarte Ich von allen Beamten, welche Mir den Amtseid geleistet haben. Mir liegt es fern, die Freiheit der Wahlen zu beeinträchtigen, aber für diejenigen Beamten, welche mit der Ausführung Meiner Regierungsakte betraut sind und deshalb ihres Dienstes nach dem Disziplinargesetz enthoben werden können, erstreckt sich die durch den Diensteid beschworene Pflicht auf Vertretung der Politik Meiner Regierung auch bei den Wahlen. Die treue Erfüllung dieser Pflicht werde Ich mit Dank erkennen und von allen Beamten erwarten, daß sie sich im Hinblick auf ihren Eid der Treue von jeder Agitation gegen Meine Regierung auch bei den Wahlen fernhalten.

Wilhelm
v. Bismarck

Ernst Rudolf Huber (Hg.), Quellen zur deutschen Verfassungsgeschichte, Bd. 2, Stuttgart 1967, S. 306 f.

51 Wilhelm II. über seine Stellung als Kaiser und preußischer König

a) Eintragung in das goldene Buch der Stadt München vom 7. September 1891:

Suprema lex regis voluntas

b) Rede in Düsseldorf vom 4. Mai 1891:

Einer nur ist Herr im Reich, keinen anderen dulde ich...

c) Schlußworte des kaiserlichen Trinkspruches bei der Tafel für die Provinz Ostpreußen im Königsberger Schloß vom 25. August 1910:

...Als Instrument des Herren Mich betrachtend, ohne Rücksichten auf Tagesansichten und -meinungen, gehe Ich Meinen Weg, der einzig und allein der Wohlfahrt und friedlichen Entwicklung unseres Vaterlandes gewidmet ist. Aber Ich bedarf hierbei der Mitarbeit eines jeden im Lande, und zu dieser Mitarbeit möchte Ich auch Sie jetzt aufgefordert haben. Daß diese Gesinnung in der Provinz Ostpreußen stets herrsche und Mir Ihre Hilfe in Meinem Streben zuteil werden möge, darauf leere ich Mein Glas. Es lebe die Provinz Ostpreußen, hoch, hoch, hoch!

a) und b) zitiert nach: Erich Eyck, Das Persönliche Regiment Wilhelms II., Erlenbach/Zürich 1948, S. 61 f.; c) zitiert nach: Harry Pross (Hg.), Die Zerstörung der deutschen Politik. Dokumente 1871–1933, Frankfurt/M. 1959, S. 34 f.

Kritik des Cäsarismus und Byzantinismus unter Wilhelm II. Im Frühjahr 1894 veröffentlichte der Historiker Ludwig Quidde in der Zeitschrift „Gesellschaft" die Abhandlung „Caligula. Eine Studie über römischen Cäsarenwahnsinn", die großes Aufsehen erregte und schnell über 30 Auflagen erlebte. **52**

Es war das berauschende Gefühl der Macht, das Bewußtsein, nun plötzlich an erster Stelle zu stehen, der Wunsch, etwas Großes zu wirken, und vor allem der Trieb, in der Weltgeschichte zu glänzen, was den Caligula zeitweilig über sich selbst hinaufhob. Ihn packte in dieser so außerordentlichen Veränderung seines Lebens der Ehrgeiz, sich nun durch etwas hervorzutun, was ihm im Grunde fremd war, durch Freisinn und Pflege des Gemeinwohls. Zugleich aber zeigten sich gar bald bedenkliche Eigenschaften. Es fehlte das feste Fundament einer in inneren Kämpfen gewonnenen ausgeglichenen Lebensanschauung; die Haupttriebfeder seiner Handlungen war nicht der Wunsch, Gutes zu schaffen, sondern der *Ehrgeiz*, als Förderer populärer Bestrebungen *bewundert* zu werden und als großer Mann auf die Nachwelt zu kommen; der durchgehende Charakterzug seiner Maßregeln war eine nervöse Hast, die unaufhörlich von einer Aufgabe zur andern eilte, sprunghaft und oft widerspruchsvoll, und dazu eine höchst gefährliche Sucht, alles selbst auszuführen...
Der spezifische Cäsarenwahnsinn ist das Produkt von Zuständen, die nur gedeihen können bei der moralischen Degeneration monarchisch gesinnter Völker oder doch der höher stehenden Klassen, aus denen sich die nähere Umgebung der Herrscher zusammensetzt...

Ludwig Quidde, Caligula. Schriften über Militarismus und Pazifismus, hg. von Hans-U. Wehler, Frankfurt/M. 1977, S. 66 f.

3. Das Reich als Bund der deutschen Fürsten

Die föderalistische Struktur des Reiches **53**

Die andere Schranke für die Vorherrschaft des Reichstags liegt in dem föderalistischen Organ des Reiches, dem Bundesrate, dieser eigentümlichsten deutschen Verfassungsinstitution, der nicht nur staatsrechtlich, sondern auch politisch eine der merkwürdigsten politischen Bildungen im Staatenleben der

Gegenwart ist. Man sieht und hört von ihm wenig. Er verhandelt und beschließt bei geschlossenen Türen... Kaiser, Reichskanzler, Reichstag sind die jedermann sicht- und hörbaren Organe des Reichs – nur ausnahmsweise ergreifen nichtpreußische Bevollmächtigte zum Bundesrate das Wort im Reichstag. Daher wird in der politischen Diskussion weiter Volkskreise der Bundesrat oft gänzlich ignoriert und vom Auslande wird sein Dasein oft entweder nicht gekannt oder mißverstanden. Am häufigsten wird er außerhalb des Reichs mit einem Oberhaus verglichen, ein hinkender Vergleich, da er viel mehr als ein solcher nicht nur staatsrechtlich, sondern auch politisch bedeutet. Weitaus der größte Teil der Gesetze entspringt seiner Initiative, sein Wille ist nicht nur staatsrechtlich, sondern auch praktisch-politisch bei der Gesetzgebung der ausschlaggebende. Der Bundesrat hat von seiner Befugnis, Gesetzesbeschlüssen des Reichstages die Sanktion zu verweigern, häufiger Gebrauch gemacht, als in den Einzelstaaten die Monarchen den Landtagen gegenüber. Ihm steht ferner bekanntlich ein ganz bedeutender Anteil an der Reichsregierung zu. Er erläßt wichtige Verordnungen, macht Vorschläge zur Besetzung von Reichsämtern, entscheidet Streitigkeiten, besorgt Verwaltungsgeschäfte mannigfaltigster Art. Das alles tut er gemäß der Instruktionen der ihn beschickenden Regierungen. Im Bundesrate macht sich allerdings, wie öfters hervorgehoben wurde, das Machtverhältnis der einzelnen Staaten geltend. Der Einfluß Preußens im Bundesrate ist viel bedeutender als ihm nach seiner Stimmenzahl zukommt[12] und indem die Kleinstaaten ihm keinen nennenswerten Widerstand leisten können, verständigt es sich mit den größeren Staaten außerhalb des Bundesrates.

Für die Beschlüsse des Bundesrats ist aber dem Reiche niemand verantwortlich, ganz ebenso wie der Reichstag. Der Reichskanzler vollzieht die Beschlüsse des Bundesrats, trägt aber für sie, insofern sie sich innerhalb der bundesrätlichen Zuständigkeit bewegen, keine wie immer geartete Verantwortlichkeit...

Die umfangreichen Befugnisse des Bundesrats hindern nun bei den gegenwärtigen Verfassungsverhältnissen ein parlamentarisches Regiment im Reiche, da ein großes Gebiet staatlicher Tätigkeit des Reichs existiert, für welches dem Reichstag gegenüber niemand die Verantwortlichkeit trägt. Wollte man den Parlamentarismus nach westlichem Muster durchführen, so wäre dies nur unter Zurückdrängung des Bundesrats und damit unter Preisgebung der bundesstaatlichen Gestaltung des Reichs möglich. Die einzelnen Bundesregierungen müßten sich dem durch die Reichsregierung repräsentierten Willen des Reichstags fügen und würden zu wesenlosen Schatten herabsinken. Das haben diese auch jederzeit wohl erkannt. So oft die Diskussion darüber eröffnet wurde, ob neben den Reichskanzler ein ganzes System von Reichsministern treten solle, haben die Bundesregierungen energischen Protest dagegen erhoben, weil sie neben einem kollegialischen verantwortlichen

[12] Preußen hatte im Bundesrat 17 von insgesamt 58 Stimmen. 1911 wurde die Gesamtstimmenzahl durch 3 Stimmen für Elsaß-Lothringen auf 61 erhöht.

Reichsministerium gar keinen reellen Anteil an der Leitung der Reichsgeschäfte haben könnten. Unausweichliche Wirkung der parlamentarischen Regierungsweise im Reiche wäre daher Herabdrückung der Einzelstaaten zu politisch bedeutungslosen Gebilden...

Georg Jellinek, Regierung und Parlament in Deutschland. Geschichtliche Entwicklung ihres Verhältnisses (Vorträge der Gehe-Stiftung zu Dresden, Bd. 1), Leipzig/Dresden 1909, S. 27 ff.

54 Die Bundesstaaten des Deutschen Reiches. Größe, Stimmen im Bundesrat, politisches System (Detaillierte Angaben nur zu den Staaten, deren Bevölkerung 1890 über 500000 betrug; Vf. = Verfassung, WG. = Wahlgesetzgebung, WR. = Wahlrecht)

	Fläche in qkm	Bevölkerung	Bundesratstimmen	Jahr der Vf. und WG.
Königreiche (4)	(Reich insgesamt) 540777,5	49428470	58	
Preußen	348702,1	29957367	17	Vf. 1850 WG. 1853
Bayern	75870,2	5594982	6	Vf. 1818 WG. 1848
Sachsen	14992,9	3502684	4	Vf. zuletzt 1874 WG. 1909
Württemberg	19511,7	2036522	4	Vf. zuletzt 1874 WG. 1882
Großherzogtümer (6)				
Baden	15067,7	1657867	3	Vf. 1818 WG. zuletzt 1896
Hessen	7688,8	992883	3	Vf. 1820 WG. 1885
Mecklenburg-Schwerin	13126,9	578342	2	
Freie Stadt (3)				
Hamburg	413,9	622530	1	rev. Vf. 1879 WG. 1860

Anmerkung: Außer den aufgeführten Staaten gibt es noch 17 weitere – davon 3 Großherzogtümer, 5 Herzogtümer, 7 Fürstentümer und 2 Freie Städte (Fläche insges. 30885,6; Bevölkerung 2881787); 1 Staat hatte bis 1918 keine Verfassung, sonst alle Einkammersysteme mit unterschiedlichen Wahlgesetzen.

I. Kammer	II. Kammer
Herrenhaus (Mitglieder erblich, z. T. ernannt - teilweise aufgrund von Präsentationswahlen)	**Abgeordnetenhaus** (350 Abgeordnete, auf drei Jahre gewählt. Allgemeine Wahl der Männer über 24 Jahre; Dreiklassenwahlrecht: 3 Abteilungen aufgrund der gedrittelten Gesamtsumme der Klassen-, Grund- und Gewerbesteuer auf Wahlbezirksebene gebildet, Urwähler nach Steuerleistung den Abteilungen zugeteilt, Wähler ohne Steuer zur 3. Abteilung; jede Abteilung wählt öffentlich 1/3 der Wahlmänner)
Reichs-Räthe (Mitglieder z. T. erblich, z. T. ernannt)	**Abgeordnetenkammer** (1 Wahlmann auf je 500 Einwohner gewählt, auf je 31 500 Einwohner 1 Abgeordneter; Wähler müssen 25 Jahre alt sein, direkte Steuern zahlen, Abgeordnete 30 Jahre alt und einen höheren Zensus haben)
Mitglieder: gewählt, je 1 Vertreter Hochstift Meißen, Universität Leipzig u. Stift Wurzen, 12 von der Ritterschaft u. Großgrundbesitzer auf Lebenszeit	80 Mitglieder, davon 43 aus den Städten, 48 aus den Landgemeinden, gewählt auf 6 Jahre; WR. direkt, geheim, ungleich, Pluralstimmen: zu 1 Grundstimme bis zu 3 Zusatzstimmen nach bestimmten Alters-, Bildungs-, Einkommens- und Besitzqualifikationen
ständisch gegliedert, maximal 8 nichtständische Mitglieder ernannt	93 Mitglieder: davon gewählt 70; 1 vom Domkapitel gewählt, 13 vom ritterschaftlichen Adel gewählt; per Amt gehören dazu: 6 evangelische Generalsuperintendenten, katholischer Landesbischof, amtsältester katholischer Dekan, Kanzler der Landesuniversität
schwankende Mitgliederzahl, per Amt: katholischer Landesbischof u. evangelischer Geistlicher; ernannt: max. 8 auf 4 Jahre, geb. Mitglieder: 2 von Universität Heidelberg u. Freiburg; gewählt 8 (Halberneuerung alle 4 Jahre), 8 vom grundherrlichen Adel	63 Mitglieder gewählt auf 4 Jahre mit Halberneuerung alle 2 Jahre, WR. geheim, allgemein, indirekt; auf je 200 Einwohner 1 Wahlmann; Mehrheitswahl mit Stichwahl; der zur 1. Kammer wählende grundherrliche Adel hat kein Stimmrecht
schwankende Mitgliederzahl, per Amt: katholischer Landesbischof, evangelischer Prälat, Kanzler der Landesuniversität auf Lebenszeit, maximal 12 Adelsvertreter (davon 2 vom grundherrlichen Adel gewählt)	50 Mitglieder gewählt auf 6 Jahre, alle 3 Jahre Halberneuerung; WR. indirekt, geheim, gleich. Auf je 500 Einwohner 1 Wahlmann, mindestens 20 auf 1 Stadt. Zahler direkter Steuer haben soviel Stimmen, wie in ihrem Wahlkreis Wahlmänner zu wählen sind
bis 1918 keine Repräsentativverfassung	
Einkammersystem: 160 Mitglieder, davon werden 40 von den Grundstückseigentümern, 40 von den Berufskammern und Verwaltungsorganen, 80 von den übrigen Wahlberechtigten (Zahlung einer indirekten Steuer erforderlich) gewählt. Die Wahl ist direkt und geheim. Es gibt zwei städtische und 8 ländliche Wahlkreise	

Zusammengestellt nach: Dolf Sternberger / Bernhard Vogel (Hg.), Die Wahl der Parlamente und anderer Staatsorgane, Bd. 1: Europa, 1. Halbbd., Berlin 1969, S. 192 ff. und Sozialgeschichtliches Arbeitsbuch, hg. von Gerd Hohorst / Jürgen Kocka / Gerhard A. Ritter, S. 47 ff.

4. Der Reichstag als Herz der konstitutionellen Ordnung

55 Bestimmungen der Reichsverfassung über den Reichstag und die Gesetzgebung des Reiches

Art. 20. Der Reichstag geht aus allgemeinen und direkten Wahlen mit geheimer Abstimmung hervor...

Art. 21. Beamte bedürfen keines Urlaubs zum Eintritt in den Reichstag. Wenn ein Mitglied des Reichstages ein besoldetes Reichsamt oder in einem Bundesstaat ein besoldetes Staatsamt annimmt oder im Reichs- oder Staatsdienste in ein Amt eintritt, mit welchem ein höherer Rang oder ein höheres Gehalt verbunden ist, so verliert es Sitz und Stimme in dem Reichstag und kann seine Stelle in demselben nur durch neue Wahl wieder erlangen.

Art. 22. Die Verhandlungen des Reichstages sind öffentlich. Wahrheitsgetreue Berichte über Verhandlungen in den öffentlichen Sitzungen des Reichstages bleiben von jeder Verantwortlichkeit frei.

Art. 23. Der Reichstag hat das Recht, innerhalb der Kompetenz des Reichs Gesetze vorzuschlagen und an ihn gerichtete Petitionen dem Bundesrathe resp. Reichskanzler zu überweisen.

Art. 24. Die Legislaturperiode des Reichstages dauert drei Jahre[13]. Zur Auflösung des Reichstages während derselben ist ein Beschluß des Bundesrathes unter Zustimmung des Kaisers erforderlich.

Art. 25. Im Falle der Auflösung des Reichstages müssen innerhalb eines Zeitraumes von 60 Tagen nach derselben die Wähler und innerhalb eines Zeitraumes von 90 Tagen nach der Auflösung der Reichstag versammelt werden.

Art. 26. Ohne Zustimmung des Reichstages darf die Vertagung desselben die Frist von 30 Tagen nicht übersteigen und während derselben Session nicht wiederholt werden.

Art. 28. Der Reichstag beschließt nach absoluter Stimmenmehrheit. Zur Gültigkeit der Beschlußfassung ist die Anwesenheit der Mehrheit der gesetzlichen Anzahl der Mitglieder erforderlich...

Art. 29. Die Mitglieder des Reichstages sind Vertreter des gesammten Volkes und an Aufträge und Instruktionen nicht gebunden.

Art. 30. Kein Mitglied des Reichstages darf zu irgend einer Zeit wegen seiner Abstimmung oder wegen der in Ausübung seines Berufes gethanen Äußerungen gerichtlich oder disziplinarisch verfolgt oder sonst außerhalb der Versammlung zur Verantwortung gezogen werden.

Art. 31. Ohne Genehmigung des Reichstages kann kein Mitglied desselben während der Sitzungsperiode wegen einer mit Strafe bedrohten Handlung zur Untersuchung gezogen oder verhaftet werden, außer wenn es bei Ausübung der That oder im Laufe des nächstfolgenden Tages ergriffen wird. Gleiche Genehmigung ist bei einer Verhaftung wegen Schulden erforderlich.

---

[13] Durch Reichsgesetz vom 19. Mai 1888 (RGBl. 110) wurde die Legislaturperiode auf fünf Jahre verlängert.

Abb. 11: Eine Sitzung des Reichstags 1875. Holzstich nach einer zeitgenössischen Zeichnung

Auf Verlangen des Reichstages wird jedes Strafverfahren gegen ein Mitglied desselben und jede Untersuchungs- oder Civilhaft für die Dauer der Sitzungsperiode aufgehoben.
Art. 32. Die Mitglieder des Reichstages dürfen als solche keine Besoldung (oder Entschädigung) beziehen[14].

Die Reichsgesetzgebung

Art. 5. Die Reichsgesetzgebung wird ausgeübt durch den Bundesrath und den Reichstag. Die Übereinstimmung der Mehrheitsbeschlüsse beider Versammlungen ist zu einem Reichsgesetze erforderlich und ausreichend.
Bei Gesetzesvorschlägen über das Militairwesen, die Kriegsmarine und die im Artikel 35 bezeichneten Abgaben giebt, wenn im Bundesrathe eine Meinungsverschiedenheit stattfindet, die Stimme des Präsidiums den Ausschlag, wenn sie sich für die Aufrechthaltung der bestehenden Einrichtungen ausspricht.

Ernst Rudolf Huber (Hg.), Dokumente zur Deutschen Verfassungsgeschichte, Bd. 2, Stuttgart 1964, S. 294, S. 291 f.

[14] Durch Reichsgesetz vom 21. Mai 1906 (RGBl. 467) wurden die eingeklammerten Worte gestrichen und statt dessen hinzugesetzt: „Sie erhalten eine Entschädigung nach Maßgabe des Gesetzes."

56 **Ergebnisse der Reichstagswahlen** von 1871–1912

Parteien	1. Reichstag 1871, Wahlbeteiligung 50,7%		2. Reichstag 1874, Wahlbeteiligung 60,8%		3. Reichstag 1877, Wahlbeteiligung 60,3%		4. Reichstag 1878, Wahlbeteiligung 63,1%		5. Reichstag 1881, Wahlbeteiligung 56,1%		6. Reichstag 1884, Wahlbeteiligung 60,3%	
	Mandate	Stimmenanteil v. H.	Mandate	Stimmenanteil v. H.	Mandate	Stimmenanteil v. H.	Mandate	Stimmenanteil v. H.	Mandate	Stimmenanteil v. H.	Mandate	Stimmenanteil v. H.
Konservative	57	14,1	22	6,9	40	9,7	59	13,0	50	16,3	78	15,2
Reichspartei (Freikonserv.)	37	8,9	33	7,2	38	7,9	57	13,6	28	7,4	28	6,9
Nationalliberale	125	30,1	155	29,7	128	27,2	99	23,1	47	14,7	51	17,6
Liberale	30	7,2	3	1,0	13	2,5	10	2,7	-	-	-	-
Liberale Vereinigung*	-	-	-	-	-	-	-	-	46	8,4	} 67	17,6
Deutsche Fortschrittspartei**	46	8,8	49	8,6	35	7,7	26	6,7	60	12,7	}	
Deutsche Volkspartei	1	0,5	1	0,4	4	0,8	3	1,1	9	2,0	7	1,7
Zentrum	63	18,6	91	27,9	93	24,8	94	23,1	100	23,2	99	22,6
Welfen	7	1,6	4	1,8	4	1,6	10	1,7	10	1,7	11	1,7
Sozialdemokraten	2	3,2	9	6,8	12	9,2	9	7,6	12	6,1	24	9,7
Polen	13	4,5	14	3,8	14	4,0	14	3,6	18	3,8	16	3,6
Dänen	1	0,5	1	0,4	1	0,3	1	0,3	2	0,3	1	0,3
Elsaß-Lothringer	-	-	15	4,5	15	3,7	15	3,1	15	3,0	15	2,9
Antisemiten, Wirtschaftliche Vereinigung***	-	-	-	-	-	-	-	-	-	-	-	-
Sonstige	-	2,0	-	0,9	-	0,5	-	0,3	-	0,3	-	0,2
insgesamt	382	-	397	-	397	-	397	-	397	-	397	-

* Ab 1893 Freisinnige Vereinigung.

** Ab 1884 nach der Fusion mit der Liberalen Vereinigung Deutsch-Freisinnige Partei, ab 1893, nach der Abspaltung der Freisinnigen Vereinigung, Freisinnige Volkspartei, ab 1910 nach dem Zusammenschluß der linksliberalen Gruppen Fortschrittliche Volkspartei.

7. Reichstag 1887, Wahlbeteiligung 77,2%		8. Reichstag 1890, Wahlbeteiligung 71,2%		9. Reichstag 1893, Wahlbeteiligung 72,2%		10. Reichstag 1898, Wahlbeteiligung 67,7%		11. Reichstag 1903, Wahlbeteiligung 75,3%		12. Reichstag 1907, Wahlbeteiligung 84,3%		13. Reichstag 1912, Wahlbeteiligung 84,5%	
Mandate	Stimmenanteil v. H.	Mandate	Stimmenanteil v. H.	Mandate	Stimmenanteil v. H.	Mandate	Stimmenanteil v. H.	Mandate	Stimmenanteil v. H.	Mandate	Stimmenanteil v. H.	Mandate	Stimmenanteil v. H.
80	15,2	73	12,4	72	13,5	56	11,1	54	10,0	60	9,4	43	9,2
41	9,8	20	6,7	28	5,7	23	4,4	21	3,5	24	4,2	14	3,0
99	22,3	42	16,3	53	13,0	46	12,5	51	13,9	54	14,5	45	13,6
-	-	-	-	-	-	-	-	-	-	-	-	-	-
				13	3,9	12	2,5	9	2,6	14	3,2		
32	12,9	66	16,0	24	8,7	29	7,2	21	5,7	28	6,5	42	12,3
-	1,2	10	2,0	11	2,2	8	1,4	6	1,0	7	1,2		
98	20,1	106	18,6	96	19,1	102	18,8	100	19,8	105	19,4	91	16,4
4	1,5	11	1,6	7	1,3	9	1,4	6	1,0	1	0,7	5	0,7
11	10,1	35	19,8	44	23,3	56	27,2	81	31,7	43	28,9	110	34,8
13	2,8	16	3,4	19	3,0	14	3,1	16	3,7	20	4,0	18	3,6
1	0,2	1	0,2	1	0,2	1	0,2	1	0,2	1	0,1	1	0,1
15	3,1	10	1,4	8	1,5	10	1,4	9	1,1	7	1,0	9	1,3
1	0,2	5	0,7	16	3,5	13	3,3	11	2,6	16	3,9	13	2,9
2	0,6	2	1,0	5	1,7	18	4,5	11	3,5	17	3,0	6	2,0
397	-	397	-	397	-	397	-	397	-	397	-	397	-

*** Antisemiten traten bei den Reichstagswahlen von 1887–1903 als Splittergruppen unter den Parteinamen Christlich-Soziale Partei, Deutsche Reformpartei, Deutsch-Soziale Reformpartei und Deutsch-Soziale Partei auf. Ab 1907 erscheint in dieser Rubrik auch die Wirtschaftliche Vereinigung, in der die Antisemiten als dominierende Gruppe aufgegangen sind.

Gerhard A. Ritter (Hg.), Historisches Lesebuch 2, 1871–1914, München 1967, S. 366 f.

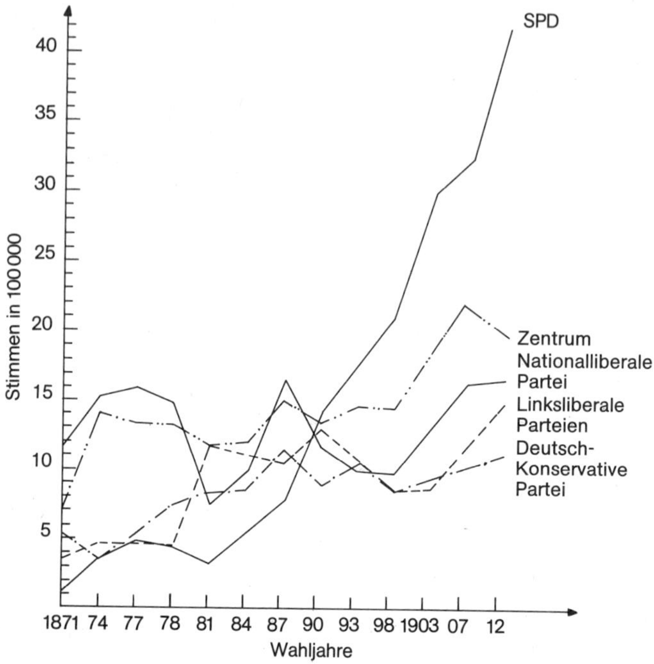

Abb. 12: Die Stimmenentwicklung der Parteien bei den Reichstagswahlen 1871–1912. Nach: Dolf Sternberger und Bernhard Vogel (Hg.), Die Wahl der Parlamente, Bd. 1: Europa, I. Halbbd., Berlin 1969, S. 217

57 **Die Frage der parlamentarischen Verantwortlichkeit.** Ausführungen des liberalen Abgeordneten W. Loewe bei der Debatte um die Festlegung der Legislaturperiode am 13. Juni 1873

Aber ein Nachteil, der auf dieser Versammlung ruht, wird doch immer noch bleiben. Dieser Nachteil, meine Herren, – das spreche ich offen aus – ist der Mangel einer parlamentarischen Regierung. Haben wir kein verantwortliches Ministerium, haben wir keinen direkten Einfluß auf das Bestehen dieses Ministeriums, so werden alle diese verschiedenen Mittel, die Sie hier anführen werden, zu der Zeit, in der sie einmal gelten sollen, in der Zeit großer Erschlaffung, nicht ausreichen. In dieser Beziehung weise ich gerade auf das Beispiel von England hin, da es einmal angezogen ist. Ja, in England kann man ganz leicht die beschlußfähige Anzahl auf 40 herabsetzen, weil die Parteien sicher sind, daß nur eine Regierung der Majorität vorhanden ist, und daß die Majorität ihren Willen immer wieder geltend machen kann. In England kann man eine ganze Reihe von anderen Manipulationen machen, weil die Disziplin der Parteien, das Heranziehen der Leute bedingt wird nicht bloß durch das allgemeine politische Interesse an dieser oder jener Maßregel, sondern durch das gebieterische Partei-Interesse, das die Partei in der Macht erhalten oder zur Macht bringen will, durch das Interesse an den spoils, wie in England und Amerika der technische Ausdruck lautet. Die spoils sind es, die den Whipper-in ersetzen, und wenn die spoils nicht wären, d.h. wenn die Herrschaft mit der Befriedigung des Ehrgeizes und anderer Vorteile nicht wären, so würde es auch dort nicht möglich sein, die Geschäfte so zu führen, wie es geschieht. Wir haben außerdem, weil wir keine parlamentarische Regierung haben, weil wir kein aus der Majorität hervorgehendes Ministerium haben, in den Verhandlungen viel mehr zu tun, und zwar viele ermüdende Arbeiten, als wir sonst zu tun hätten. Da ist zuerst die Art von Kontrolle, die im deutschen Parlamentarismus Gewohnheit geworden ist, die viel Zeit und Kräfte in Anspruch nimmt und die doch in unseren Zuständen unerläßlich ist. Und dann, glauben Sie, daß die Menge von Petitionssachen, die Masse von Anträgen, die Fälle von eigener Initiative, die hier dem Hause sozusagen durch die Verhältnisse aufgedrängt wird, um die Entwicklung nur überhaupt in Gang zu erhalten, glauben Sie, daß das alles so wäre, wenn ein Reichsministerium dasäße, aus diesem Hause hervorgegangen oder von diesem Hause beeinflußt? Ich hoffe, wir würden dann nach der historischen Entwicklung der Dinge bei uns weniger von den Nachteilen der parlamentarischen Regierung haben als andere Nationen, aber den Vorteil doch sicherlich, daß die Majorität sicherer wäre, daß die Geschäfte in ihrem Sinne geführt würden und dann auch imstande wären, mit einem kleineren Quorum von Mitgliedern eine Reihe von Geschäften abzumachen...

Wir haben heute viel Kritik an uns selbst geübt; wir haben die Aufmerksamkeit darauf gerichtet, mit welchen großen und kleinen Mitteln wir in dieser Versammlung etwas ändern können. Ich glaube, wenn wirklich geholfen werden soll, so müssen wir die Augen höher richten, d.h. auf die Verfassung und die Institutionen. Denn es sind die Mängel unserer Verfassung, die erst vervollkommnet werden muß, welche diese Übelstände alle herbeigeführt haben. Wir für unsern Teil können die Institutionen, wenigstens in diesem Augenblicke, nicht ändern, wir tun jetzt, was wir können, indem wir sagen: „Alles, was an uns ist, was den gegenwärtigen Zustand bessern kann, wollen wir tun“...

Hans Fenske (Hg.), Im Bismarckschen Reich 1871–1890. Zum politischen Denken der Deutschen im 19. und 20. Jahrhundert, Bd. 6. Darmstadt 1973, S. 111f.

Der Reichskanzler vor dem Parlament. Der liberale Reichstagsabgeordnete Ludwig Bamberger charakterisierte die Auftritte Bismarcks vor dem Reichstag. **58**

Das deutsche Parlament ist das einzige in der Welt, in welchem die Minister und ihre Vertreter mit dem Säbel an der Seite erscheinen und mit der Hand auf dem Degenknauf ihre Reden halten. Bei etwas lebhaften Regungen in der Debatte geschieht es auch, daß unwillkürlich diese Stützung der Hand auf dem Schwertgriff sich zu einer charakteristischen Gebärde gestaltet. Auch

diese Eigentümlichkeit unserer repräsentativen Zustände entbehrt nicht des tiefen Sinnes. Im Gegenteil, sie ist noch viel bedeutungsvoller als der Stucco di lustro, von dem man behauptet, daß er sich leicht loslöse und bei Erschütterungen den Abgeordneten auf die Köpfe fallen könne.
Es ist viel darüber geklügelt worden, warum Fürst Bismarck seiner Erscheinung in Staatsgeschäften die stereotype Gestalt des Reiteroffiziers gegeben habe. Er selbst hat gelegentlich in Privatgesprächen allerhand untergeordnete Zweckmäßigkeitsgründe dafür angeführt. Aber er wußte sehr wohl, warum er es in Wirklichkeit that. Trotzdem der Zauber seiner Kraft gewiß nicht in der Uniform lag, hat diese ihm doch Dienste dabei geleistet. Und diese Äußerlichkeit hat, wie Alles, was von ihm ausging, auch ihre Wirksamkeit über das Ganze erstreckt.

Ludwig Bamberger, Gesammelte Schriften, Bd. 5, Berlin 1897, S. 333

5. Parteien und Verbände

59 Auszug aus dem „Gesetz gegen die gemeingefährlichen Bestrebungen der Sozialdemokratie“ vom 21. Oktober 1878

§ 1 Vereine, welche durch sozialdemokratische, sozialistische oder kommunistische Bestrebungen den Umsturz der bestehenden Staats- oder Gesellschaftsordnung bezwecken, sind zu verbieten. Dasselbe gilt für Vereine, in welchen sozialdemokratische, sozialistische oder kommunistische, auf den Umsturz der bestehenden Staats- oder Gesellschaftsordnung gerichtete Bestrebungen in einer den öffentlichen Frieden, insbesondere die Eintracht der Bevölkerungsklassen gefährdenden Weise zutage treten.
Den Vereinen stehen gleich Verbindungen jeder Art.

§ 3 Selbständige Kassenvereine (nicht eingeschriebene), welche nach ihren Statuten die gegenseitige Unterstützung ihrer Mitglieder bezwecken, sind im Falle des § 1 Abs. 2 zunächst nicht zu verbieten, sondern unter eine außerordentliche staatliche Kontrolle zu stellen...

§ 9 Versammlungen, in denen sozialdemokratische, sozialistische oder kommunistische, auf den Umsturz der bestehenden Staats- oder Gesellschaftsordnung gerichtete Bestrebungen zutage treten, sind aufzulösen.
Versammlungen, von denen durch Tatsachen die Annahme gerechtfertigt ist, daß sie zur Förderung der im ersten Absatz bezeichneten Bestrebungen bestimmt sind, sind zu verbieten.
Den Versammlungen werden öffentliche Festlichkeiten und Aufzüge gleichgestellt.

§ 11 Druckschriften, in welchen sozialdemokratische, sozialistische oder kommunistische, auf den Umsturz der bestehenden Staats- oder Gesellschaftsordnung gerichtete Bestrebungen in einer den öffentlichen Frieden, insbesondere die Eintracht der Bevölkerungsklassen gefährdenden Weise zutage treten, sind zu verbieten.

Bei periodischen Druckschriften kann das Verbot sich auch auf das fernere Erscheinen erstrecken, sobald auf Grund dieses Gesetzes das Verbot einer einzelnen Nummer erfolgt.

§ 16 Das Einsammeln von Beiträgen zur Förderung von sozialdemokratischen, sozialistischen oder kommunistischen, auf den Umsturz der bestehenden Staats- oder Gesellschaftsordnung gerichteten Bestrebungen, sowie die öffentliche Aufforderung zur Leistung solcher Beiträge sind polizeilich zu verbieten. Das Verbot ist öffentlich bekanntzumachen.

Die Beschwerde findet nur an die Aufsichtsbehörden statt.

§ 28 Für Bezirke oder Ortschaften, welche durch die im § 1 Abs. 2 bezeichneten Bestrebungen mit Gefahr für die öffentliche Sicherheit bedroht sind, können von den Zentralbehörden der Bundesstaaten die folgenden Anordnungen, soweit sie nicht bereits landesgesetzlich zulässig sind, mit Genehmigung des Bundesrates für die Dauer von längstens einem Jahre getroffen werden:

1. daß Versammlungen nur mit vorgängiger Genehmigung der Polizeibehörde stattfinden dürfen...

2. daß die Verbreitung von Druckschriften auf öffentlichen Wegen, Straßen, Plätzen oder an anderen öffentlichen Orten nicht stattfinden darf;

Abb. 13: Bismarck als Unterdrücker des Sozialismus. Die Aufschrift auf der Kiste entspricht unserem „Wenn du meinst, du hast'n, springt er aus dem Kasten". Karikatur aus der englischen Zeitschrift „Punch", 1878

3. daß Personen, von denen eine Gefährdung der öffentlichen Sicherheit oder Ordnung zu besorgen ist, der Aufenthalt in den Bezirken oder Ortschaften versagt werden kann...

§ 30 Dieses Gesetz tritt mit dem Tage der Verkündung in Kraft und gilt bis zum 31. März 1881.

Das Staatsarchiv, 34. Bd. 1878, S. 45 ff., Nr. 6797

60 Graf Waldersee, in Altona stationierter General, schlug beim Hafenstreik in Hamburg in einer Denkschrift an den Kaiser die Vernichtung der Arbeiterbewegung vor, 1896.

Sollte der Kampf... wie es *meine Ansicht* ist, *unvermeidlich sein, so kann der Staat von einem Hinausschieben desselben nicht gewinnen.* Die Organisation der Umsturzpartei wird, je länger sie betrieben werden kann, um so kräftiger; mit ihrer weiteren Ausdehnung wird der Kampf immer schwieriger und in seinen Folgen für das Volk verderblicher. Die zweite Generation einer sozialdemokratischen Familie bringt die Umsturzideen bereits mit zur Fahne. Solange die Führer die Organisation aller ihnen vermeintlich zugehörenden Massen unter dem Schutz der Gesetze ungestört fortsetzen können, werden sie dieselbe als vollendet erst dann ansehen, wenn sie auch einen erheblichen Teil der Landbevölkerung sich dienstbar gemacht haben. Daß sie dieses Ziel erreichen müssen, wenn sie noch einige Jahre so ungestört fortarbeiten können wie bisher, halte ich für fraglos...

In der heranwachsenden Jugend beider Geschlechter zeigt sich eine Verrohung der Sitten und ein Grad von Religionslosigkeit, die an sich schon mit Besorgnis in die Zukunft blicken lassen. Daß solche Elemente sich gehorsam den Weisungen der Führer unterordnen, kennzeichnet die *volle Größe der Gefahr. Ich meine, daß es im Interesse des Staates liegt, nicht den sozialdemokratischen Führern die Bestimmung des Zeitpunktes für den Beginn der großen Abrechnung zu überlassen, sondern diesen nach Möglichkeit zu beschleunigen! Noch ist der Staat mit Sicherheit in der Lage, jeden Aufstand niederzuschlagen.*

Heinrich Otto Meisner (Hg.), Denkwürdigkeiten des General-Feldmarschalls Alfred Grafen zu Waldersee, Bd. 2, Stuttgart/Berlin 1923, S. 388 f.

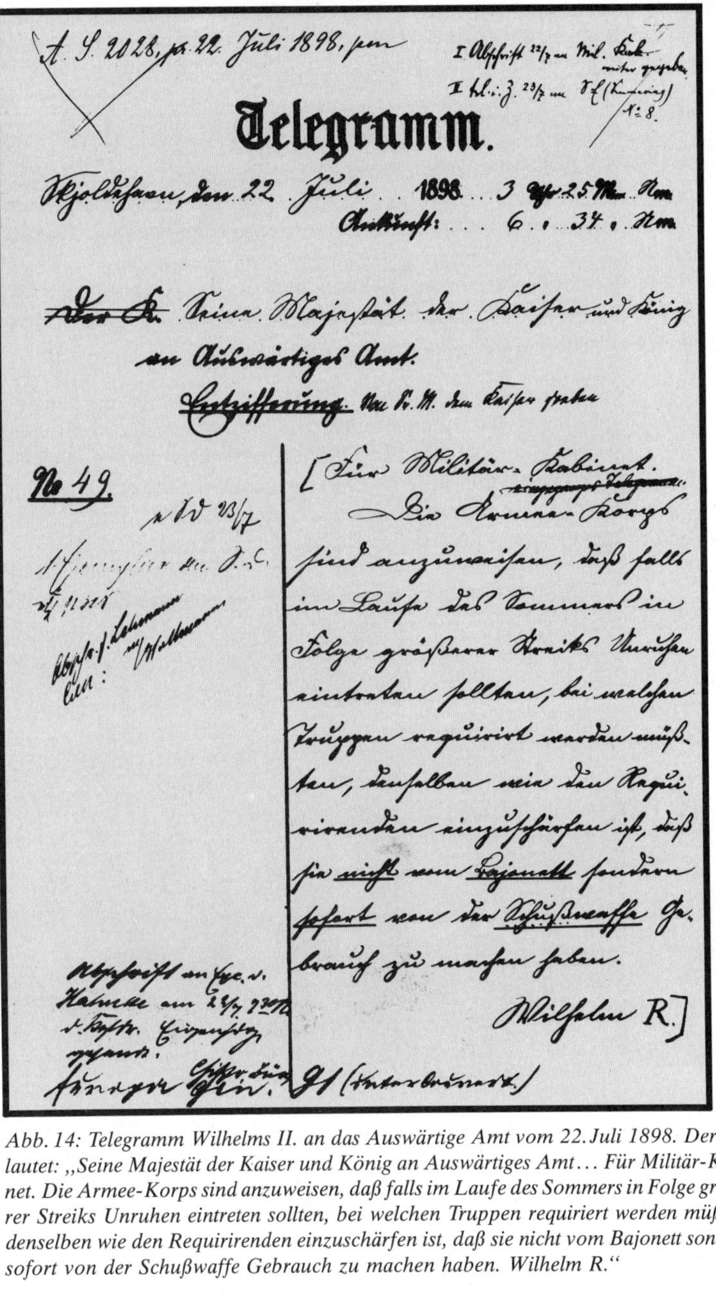
Telegramm.

Seine Majestät der Kaiser und König
an Auswärtiges Amt.

No 49.

[Für Militär-Kabinet.
Die Armee-Korps
sind anzuweisen, daß falls
im Laufe des Sommers in
Folge größerer Streiks Unruhen
eintreten sollten, bei welchen
Truppen requirirt werden müß-
ten, denselben wie den Requi-
rirenden einzuschärfen ist, daß
sie nicht vom Bajonett sondern
sofort von der Schußwaffe Ge-
brauch zu machen haben.

Wilhelm R.]

Abb. 14: Telegramm Wilhelms II. an das Auswärtige Amt vom 22. Juli 1898. Der Text lautet: „Seine Majestät der Kaiser und König an Auswärtiges Amt... Für Militär-Kabinet. Die Armee-Korps sind anzuweisen, daß falls im Laufe des Sommers in Folge größerer Streiks Unruhen eintreten sollten, bei welchen Truppen requiriert werden müßten, denselben wie den Requirirenden einzuschärfen ist, daß sie nicht vom Bajonett sondern sofort von der Schußwaffe Gebrauch zu machen haben. Wilhelm R.“

61 Politischer und sozialer Katholizismus als Gefahr für den nationalen Staat? Der konservative Politiker und Publizist Hermann Wagener suchte Bismarck von der Notwendigkeit staatlicher Sozialpolitik im Kampf gegen die katholische Kirche zu überzeugen, 29. Juli 1875.

Euer Durchlaucht!

Beehre ich mich in der Anlage ein Promemoria ganz gehorsamst vorzulegen, in welchem ich mir erlaubt habe, meine Auffassung über den Charakter und die weitere Behandlung des kirchlichen Konfliktes in großen Zügen niederzulegen.

Selbstverständlich hat der Zweck, welcher mich bei der Abfassung geleitet, auch den Inhalt derselben bestimmt und habe ich mich deshalb aller positiven Vorschläge enthalten, insoweit es solcher nicht zum Zweck einer Verständigung bedarf.

Sonst würde ich mir noch erlaubt haben, ehrerbietigst zu bemerken, daß nach den mir zugegangenen, wie ich annehmen darf, glaubwürdigen Nachrichten die Führer der ultramontanen Partei jetzt mit dem Plane umgehen, über das ganze Land hin Gewerkvereine zu organisieren, denen man nicht einmal einen konfessionellen, sondern nur einen allgemeinen christlichen Charakter verleihen will und gegen welche daher die bisher beliebte Maßregel der Auflösung nicht Platz greifen dürfte. Man ist eben auf seiten der römisch-katholischen Kirche je länger desto mehr von der Überzeugung durchdrungen, daß die richtige und energische Behandlung der sozialen Frage die wirksamste Waffe in ihren Händen ist, und daß ihnen die Staatsgewalt so lange nicht gewachsen sein wird, als dieselbe wie bisher müßig neben der sozialen Frage stehen bleibt.

Abb. 15: Amtliche Stufen politischer Weitsicht. Der „Kladderadatsch" glossiert die verschiedenen Interessen bei der Behandlung des Unfallversicherungsgesetzes im Reichstag 1884. Personen von links nach rechts: Windhorst vom Zentrum blickt nach Rom, der liberale Politiker Bamberger hat das Geld im Auge, Eugen Richter von der Fortschrittspartei sieht auf die Wahlen von 1890, Bismarck allein blickt in das nächste Jahrhundert bis 1980.

verstandenen Interesse jedes einzelnen Kameraden, daß er seine *freiwillig übernommenen* satzungsgemäßen Pflichten betreffs des Verhaltens gegenüber der Sozialdemokratie genau kennt.

Klaus Saul, Der „Deutsche Kriegerbund". Zur innenpolitischen Funktion eines „nationalen" Verbandes im kaiserlichen Deutschland, in: Militärgeschichtliche Mitteilungen 6 (1969), S. 135 ff.

6. Zur politischen Kultur des Kaiserreiches

Die „eigene Religion" des Heeres. Der Redakteur des katholischen „Mainzer Journals" Philipp Wasserburg über die Rolle des Heeres im Staate **67**

Was ist ein Militärstaat? Die Antwort darauf ist so kurz als die Frage selbst. Ein Militärstaat ist ein solcher, in welchem das Volk wegen des Militärs da ist. Der Bürger hört auf, sich als denjenigen zu betrachten, um deswillen der Staat überhaupt existiert. Seine Erziehung ist darauf berechnet, ihn zu einem guten Soldaten zu machen. Schon in der Schule wird der Gedanke in ihm gepflegt an kriegerische Taten und an kriegerische Erfolge. Das Bürgertum tritt zurück, und sein Souverän erscheint ihm viel weniger als der Träger des Nationalwillens, als der Schützer des Rechtes, als der Beförderer der Wohlfahrt denn als der Held der Schlachten, der Erringer der Siege, der Gewaltige der Waffen. Mit diesem Gedanken wächst der Knabe groß. Sein Vater ist Soldat, der Meister, zu dem er in die Lehre kommt, ist Soldat, seine Freunde sind Soldaten. So erwacht und stärkt sich in ihm der kriegerische Geist, und sein Beruf ist es doch, Frieden zu halten. Das Bewußtsein seines bürgerlichen Rechtes tritt in ihm zurück, und wenn erst der Rock des Königs um seine Schultern hängt, dann meint er, sei er am Ziele seiner Bestimmung angekommen. Es kann aber nichts Gefährlicheres geben, als die einzelnen Menschen oder die ganze Nation ihrer Bestimmung zu entfremden.
Wenn schon die Erziehung und die Umgebung dazu drängt, daß sich der Mensch eigentlich nur als Soldat zu betrachten hat, so sind die Einrichtungen des Heeres noch in viel höherem Maße dazu geeignet, ihn von seinem bürgerlichen Berufe loszulösen, ihm die Meinung beizubringen, als sei dieser bürgerliche Beruf etwas Nebensächliches und Untergeordnetes. Das Heer bildet einen Staat im Staate mit eigener Verwaltung, eigener Gesetzgebung, einem eigenen Huldigungseide und in neuerer Zeit sogar einer eigenen Religion. Und wahrlich leider nur zu oft müssen wir es erleben, daß der militärische und der bürgerliche Staat einander in die Haare geraten, wobei denn jedesmal der letztere zu kurz kommt.

Philipp Wasserburg, Gedankenspäne über den Militarismus, Mainz 1874, S. 4 ff.

68 Wilhelm II. über den Treueschwur bei der Vereidigung der Rekruten der Potsdamer Garderegimenter 1893

Rekruten!
Ihr habt jetzt vor dem geweihten Diener Gottes und angesichts dieses Altars Mir Treue geschworen. Ihr seid noch zu jung, um die wahre Bedeutung des eben Gesprochenen zu verstehen; aber befleißigt euch zunächst, daß ihr die gegebenen Vorschriften und Lehren immer befolgt. Ihr habt Mir Treue geschworen, das – Kinder Meiner Garde – heißt, ihr seid jetzt Meine Soldaten, ihr habt euch Mir mit Leib und Seele ergeben; es giebt für euch nur einen Feind, und der ist Mein Feind. Bei den jetzigen socialistischen Umtrieben kann es vorkommen, daß Ich euch befehle, eure eignen Verwandten, Brüder, ja Eltern niederzuschießen – was ja Gott verhüten möge –, aber auch dann müßt ihr Meine Befehle ohne Murren befolgen.

Ernst Johann (Hg.), Wilhelm II. Ansprachen, Predigten und Trinksprüche Wilhelms II., 2. Aufl., München 1977, S. 56

Abb. 16: Anton von Werner, als Repräsentant der offiziell geförderten Malerei, sperrt den Secessionisten Skarbina aus der Hochschule für bildende Künste. Karikatur aus dem „Kladderadatsch“, 1894

69

„Politik verdirbt den Charakter“

Das, was wir heute überlegen, ist der Verlust, den alle Parteien und insbesondere die liberalen Parteien dadurch haben, daß die Bildung in den letzten Jahrzehnten sich von der aktiven Politik immer mehr zurückgezogen hat. Vor vierzig Jahren bestand eine Art geistiger Verband zwischen Bildung und Liberalismus. Der ist verloren worden, als Bismarcks Größe den Liberalismus zerdrückte. Die Mehrzahl der Gebildeten wurden Partei Bismarck, wenn man von einem unformulierbaren Verhältnis das Wort Partei brauchen kann. Sie glaubten an die Größe und Kraft des einen großen Mannes und verloren damit allen Sinn für eigene politische Einzelarbeit. Die Verachtung, mit der Bismarck gelegentlich die Berufsparlamentarier behandelte, wurde übernommen, als sei sie ein ewiges und allgemeingültiges Werturteil. Und als nun Bismarck außer Dienst gestellt wurde und als er dann starb, da übertrug sich das Verhältnis zu ihm nicht einfach auf Wilhelm II., sondern es blieb eine leere Stelle im Gedankenschatz des gebildeten Deutschen. Er hatte sich abgewöhnt, selber ein Herrschaftsfaktor sein zu wollen, und fand den Rückweg nicht zum politischen Wollen.
Was den Rückweg zur früheren politischen Mitwirkung besonders erschwerte, war gerade das Erbe der letzten Epoche Bismarckischer Wirksamkeit. Zölle und Sozialistengesetz schufen eine Lage, in der es dem Bildungsvertreter blutsauer wurde, sich in die Reihe der politischen Kämpfer zu stellen, denn durch die Zölle wurde der Streit um materielle Tagesvorteile sehr verschärft und durch das Sozialistengesetz wurde die Masse der Arbeiter für mindestens ein Menschenalter aller deutschen Staatsbürgerlichkeit entfremdet. Der politische Kampf wurde massiver und schwerer als er früher gewesen war. Wie idyllisch kommt uns das Parteileben im Anfang des Deutschen Reiches vor, damals wo das Agitieren noch nicht zur Berufstechnik geworden war! Es war damals ästhetisch leichter, politisch eifrig zu sein. Und da das ästhetische Empfinden einen bedeutenden Teil der höheren Bildungskultur ausmacht, so zogen sich die feiner Organisierten zurück und bewunderten zwar Bismarcks Größe, lernten aber nichts von ihm als Politiker. Sie fielen zurück in die Unpolitik des Zeitalters von Goethe.
Wohin aber führt diese Entwicklung? Man stelle sich eine Zeit vor, in der einmal auch unser jetziger Kaiser nicht mehr da ist. Wer repräsentiert dann den Willen des Deutschtums? Dann wird man nach politischen Energien suchen und sie vielleicht nicht finden, weil dann die Bildungsschicht politisch zu sehr erschlafft ist, um große persönliche Opfer für den Staat zu bringen…

Friedrich Naumann, Die politische Mattigkeit der Gebildeten, Süddeutsche Monatshefte 1904, S. 977 f., in: Ders., Ausgewählte Schriften, S. 191 f.

70 Völkischer Nationalismus. Der Kulturphilosoph Paul de Lagarde über „Die nächsten Pflichten der deutschen Politik"

... Die Deutschen sind ein friedfertiges Volk, aber sie sind überzeugt von dem Rechte, selbst, und zwar als Deutsche, zu leben, und überzeugt davon, daß sie für alle Nationen der Erde eine Mission haben: hindert man sie, als Deutsche zu leben, hindert man sie, ihrer Mission nachzugehen, so haben sie die Befugnis Gewalt zu brauchen, wie ein Hausherr die Befugnis hat, wenn er vor seinem Hause das Gedeihen seiner Familie störende Elemente findet, diese Elemente in die Ferne zu befördern. Was ich über Österreich denke, habe ich schon oft auseinandergesetzt, und muß im dritten Abschnitte darauf zurückkommen: wenn Rußland und Frankreich uns zwingen, im Harnisch in der Sonne zu stehen, während wir in der wollenen Jacke hinter dem Pfluge schreiten oder in der Werkstatt arbeiten wollen, wenn Rußland uns weigert, für Geld und gute Worte unsere und Österreichs Grenzen in der Richtung auf Kleinasien vorzuschieben, so werden wir darauf denken, uns selbst zu helfen, aber dann so gründlich, daß es auf lange vorhält; denn Kriege sind durchaus nicht in unserem Geschmacke, aber ein Krieg, der ordentlich geführt wird, macht einen zweiten, dritten und vierten unnötig. So sei es.
In das erworbene Land siedeln dann unsre lieben kleinen Leute über, dahin werden alle Waisen- und Armenhäuser verlegt, und das nichtsnutzige Kaufmannwerden in einem Lande, in welchem niemand kaufen kann, hört auf: Die Mannhaftigkeit der Nation wächst in der Stille wie die Buche im Walde, von biblischer Geschichte, Mistbeet-Patriotismus, Gartenlaube und Daheim unbehelligt. Dann braucht das Reich keine außergewöhnlichen Maßregeln mehr, um sich Einnahmen zu schaffen. Denn Heer und Flotte sind dann sehr klein, und neun Zehntel aller Deutschen lebt dann auf einer eigenen Hufe, wie seine Ahnen das taten, und schiert sich um allgemeine Bildung, Goldschnittliteratur und ähnlichen Unrat gar nicht...

Paul de Lagarde, Deutsche Schriften. Gesamtausgabe letzter Hand. 5. Aufl., Göttingen 1920, S. 422 ff.

Antisemitismus

71 Mittelständische Agitatoren gegen jüdische Geschäftsleute im rheinisch-westfälischen Industriegebiet

... Daß der Jude oft in der Lage ist, billiger zu verkaufen als sein eingeborener Konkurrent, hat andere Gründe. Erstens ist es die geringere Güte seiner Waren. Es kommt immer in erster Linie darauf an, das möglichst Billige und folglich möglichst Schlechte einzukaufen... Zweitens ist es die Konkursmacherei. Entweder arbeitet der Jude durch Schleuderverkäufe auf den eigenen Bankerott hin, um seine Gläubiger zu betrügen, oder er benutzt den bevorstehenden Bankerott eines anderen, um diesem den letzten Blutstropfen abzuzapfen. Am widerlichsten ist der dritte Grund – die schamlose Bedrückung und Ausbeutung seiner Arbeiter und kleinen Lieferanten. Wenn man in der Lage wäre, das einschlägige Material so zu sammeln, daß es in der Öffentlichkeit vorgeführt werden könnte, man würde schaudern bei dem Anblick der Opfer, die in Folge jüdischer Blutsaugerei der Prostitution, dem Selbstmord, kurz dem äußersten Elend anheimfallen. – Möchte dieses doch endlich einmal, namentlich von unseren deutschen Frauen, bedacht werden. Möchten sie doch einmal überlegen, wie manche bange Sorge sie aus den Läden der Juden mit sich nach Hause nehmen, wenn sie dort die Ware billiger gekauft haben als bei ihren Landsleuten. Möchten sie endlich bedenken, daß sie sich zum Mitschuldigen machen am Betrug des Juden.

Westfälisches Reform-Wochenblatt zur Pflege des Deutschtums und des ehrlichen Geschäftsverkehrs. Älteste judengegnerische Zeitschrift, 15. Jg., Nr. 40, 5. 10. 1895

Kritik an der fortschreitenden Emanzipation des Judentums in Deutschland aus konservativer Perspektive 72

Man braucht gar nicht daran zu denken, welchen Sinn der gemeine Mann noch heute mit dem Begriff „der Jude“ verbindet; man kann sich täglich in offenem Gespräche überzeugen, wie gerade in den denkenden und gebildeten Schichten unseres Volkes Männer der verschiedensten Parteirichtungen, Demokraten wie Konservative, sich in der Überzeugung begegnen, daß das Judenthum im großen Ganzen ein nützliches Element in unserem Volksleben nicht bilde. Immer allgemeiner wird die Klage, daß der Jude, sei es als Wucherer und Ausbeuter oder umgekehrt als sozialdemokratischer Agitator, vorzugsweise immer dort zu finden sei, wo man an der Zersetzung und Vernichtung unseres Volksthums arbeitet; daß er im wirthschaftlichen Leben weniger durch schaffende Thätigkeit als durch erlaubte oder unerlaubte Übervortheilung Anderer die Mittel gewinne, die in seinen gewandten Händen dann eine doppelt wirksame Waffe in dem weiteren Daseinskampfe werden; daß er in den höheren Berufen, in der Rechtsanwaltschaft, in der Medizin, in der Literatur, im Zeitungs- und Theaterwesen durch rücksichtslose Hingabe an den Erwerbsinstinkt die gewissenhafteren Mitbewerber schädige und die Standesehre herunterbringe, und daß bei seiner geringen Neigung zum Aufgehen im Deutschthum seine wachsende wirthschaftlich-soziale Macht zu einer immer ernsteren Gefahr für unsere nationale Entwicklung und Eigenart herauswachse. Die radikalen Verfechter dieser Ansicht, denen die „Judenfrage“ überhaupt die wichtigste unseres inneren Volks- und Staatslebens ist, und die schon offen die Aufhebung der Gleichberechtigung der Juden sowie ihre Stellung unter Fremdenrecht fordern, bilden im Reichstage schon eine kleine antisemitische Partei. Auch die konservative Partei aber hat sich bereits veranlaßt gesehen, in ihrem Programm „gegen den vielfach sich vordrängenden und zersetzenden Einfluß des Judenthums auf unser Volksleben“ entschieden Stellung zu nehmen.

„Antisemitismus“, in: Konservatives Handbuch, hg. unter Mitwirkung der parlamentarischen Vertretung der konservativen Parteien, 2. umgearbeitete und vermehrte Auflage, Berlin 1894, S. 13 f.

73 Die „Judengefahr"

Es gibt nun Deutsche, die der Judenfrage auf den Grund gegangen sind, die im Ernste behaupten, daß die Juden planvoll und absichtlich die moralische und politische Zersetzung des deutschen Volkes betrieben – das ist gewiß ein Irrtum. Der Anschein des Planvollen kommt von selbst, indem Tausende jüdischer Menschen nach ihrem Wesen, ihren Instinkten arbeiten; es ist ganz klar, daß der Einheitlichkeit des Wesens so vieler Handelnder der Erfolg entsprechen muß. *Und dieser Erfolg heißt: Verwüstung und Korruption unseres öffentlichen Lebens.*

Nimmt man die Parteien als dessen Organe, so wird es von niemand, der die Verhältnisse, auch die Personen kennt, bestritten werden, daß die Sozialdemokraten und die Freisinnigen schlechthin die Werkzeuge des Judentums sind, natürlich nicht bewußt, sondern aus fehlendem Instinkt, fehlender Erkenntnis. Dasselbe gilt unbedingt vom linken Flügel der Nationalliberalen und den sog. Jungliberalen, und erst recht von dem Hansabund, der allerdings nicht Partei ist. Das germanische Unterbewußtsein wird erst wirksam bei den Rechts-Nationalliberalen und verstärkt sich je weiter nach rechts – aber es bleibt Unterbewußtsein, abgesehen von den schwachen antisemitischen Gruppen, und von einer durchgreifenden Erkenntnis der Judengefahr sind diese Parteien noch weit entfernt. Dasselbe gilt vom Zentrum, das wie gebannt auf die angebliche Imparität der Katholiken und der katholischen Kirche starrt, ja, soweit es demokratisch ist, um der Gleichheit willen geneigt ist, die Juden in Schutz zu nehmen, weil es ihre Religion angegriffen wähnt, ein Irrtum, den die Juden geflissentlich aufrecht erhalten.

Das A und O der Maßregeln gegen die jüdische Zersetzung lautet aber: *Die Rasse ist der Quell der Gefahren* – die Religion spielt keine andere Rolle, als daß sie ein Ausfluß der Rasse ist.

Daniel Frymann[15], Wenn ich der Kaiser wär'. Politische Wahrheiten und Notwendigkeiten, Leipzig 1912, S. 37 f.

74 Die Verteidigung des „gefährdeten" Vaterlandes. Erklärung der Sozialdemokratischen Partei im Reichstag, abgegeben vom Fraktionsvorsitzenden Hugo Haase am 1. August 1914

Im Auftrage meiner Fraktion habe ich folgende Erklärung abzugeben.
Wir stehen vor einer Schicksalsstunde. Die Folgen der imperialistischen Politik, durch die eine Ära des Wettrüstens herbeigeführt wurde und die Gegensätze unter den Völkern sich verschärften, sind wie eine Sturmflut über Europa hereingebrochen. Die Verantwortung hierfür fällt den Trägern dieser Politik zu, wir lehnen sie ab. Die Sozialdemokratie hat diese verhängnisvolle Entwicklung mit allen Kräften bekämpft, und noch bis in die letzten Stunden hinein hat sie durch machtvolle Kundgebungen in allen Ländern, namentlich

[15] Pseudonym für Heinrich Claß, Vorsitzender des „Alldeutschen Verbandes" von 1908–1939

in innigem Einvernehmen mit den französischen Brüdern, für die Aufrechterhaltung des Friedens gewirkt. Ihre Anstrengungen sind vergeblich gewesen.
Jetzt stehen wir vor der ehernen Tatsache des Krieges. Uns drohen die Schrecknisse feindlicher Invasionen. Nicht für oder gegen den Krieg haben wir heute zu entscheiden, sondern über die Frage der für die Verteidigung des Landes erforderlichen Mittel. Nun haben wir zu denken an die Millionen Volksgenossen, die ohne ihre Schuld in dieses Verhängnis hineingerissen sind. Sie werden von den Verheerungen des Krieges am schwersten getroffen. Unsere heißen Wünsche begleiten unsere zu den Fahnen gerufenen Brüder ohne Unterschied der Partei. Wir denken auch an die Mütter, die ihre Söhne hergeben müssen, an die Frauen und die Kinder, die ihres Ernährers beraubt sind, und denen zu der Angst um ihre Lieben die Schrecken des Hungers drohen. Zu diesen werden sich bald Zehntausende verwundeter und verstümmelter Kämpfer gesellen. Ihnen allen beizustehen, ihr Schicksal zu erleichtern, die unermeßliche Not zu lindern, erachten wir als eine zwingende Pflicht.
Für unser Volk und seine freiheitliche Zukunft steht bei einem Sieg des russischen Despotismus, der sich mit dem Blute der Besten des eigenen Volkes befleckt hat, viel, wenn nicht alles auf dem Spiel. Es gilt, diese Gefahr abzuwehren, die Kultur und die Unabhängigkeit unseres eigenen Landes sicherzustellen. Da machen wir wahr, was wir immer betont haben: Wir lassen in der Stunde der Gefahr das eigene Vaterland nicht im Stich. Wir fühlen uns dabei im Einklang mit der Internationale, die das Recht jedes Volkes auf nationale Selbständigkeit und Selbstverteidigung jederzeit anerkannt hat, wie wir auch in Übereinstimmung mit ihr jeden Eroberungskrieg verurteilen. Wir fordern, daß dem Kriege, sobald das Ziel der Sicherung erreicht ist, und die Gegner zum Frieden geneigt sind, ein Ende gemacht wird durch einen Frieden, der die Freundschaft mit den Nachbarvölkern ermöglicht. Wir fordern dies nicht nur im Interesse der von uns stets verfochtenen internationalen Solidarität, sondern auch im Interesse des deutschen Volkes. Wir hoffen, daß die grausame Schule der Kriegsleiden in neuen Millionen den Abscheu vor dem Kriege wecken und sie für das Ideal des Sozialismus und des Völkerfriedens gewinnen wird.
Von diesen Grundsätzen geleitet, bewilligen wir die geforderten Kriegskredite.

Ernst Rudolf Huber (Hg.), Dokumente zur deutschen Verfassungsgeschichte, Bd. 2, 2. Aufl., Stuttgart 1964, S. 456 f.

Abb. 17: Nationale Begeisterung im August 1914. Deutsche Reservisten auf dem Weg zur Westfront

Abb. 18: Nationale Ernüchterung nach vier Jahren Krieg. Demonstration „Unter den Linden“ in Berlin 1918

Literaturhinweise

W. Baumgart, Deutsche Geschichte im Zeitalter des Imperialismus (1890–1914) (Deutsche Geschichte, hg. v. W. Hubatsch, Ullstein TB, DG 4), 3. Aufl., Frankfurt 1979

E. W. Böckenförde (Hg.), Moderne deutsche Verfassungsgeschichte 1815–1918, Köln 1972

K. E. Born, Von der Reichsgründung bis zum Ersten Weltkrieg, in: Gebhardt, Handbuch der deutschen Geschichte, Bd. 3, Stuttgart 1970 (auch dtv-WR 4216)

P. Brandt, Th. Hoffmann, R. Zilkenat (Bearb.), Preußen. Zur Sozialgeschichte eines Staates. Eine Darstellung in Quellen, Reinbek 1981

W. Bußmann, Das Zeitalter Bismarcks, 3. Aufl., Konstanz 1956

C. Cipolla / W. Borchardt (Hg.), Die industrielle Revolution (Europäische Wirtschaftsgeschichte, Bd. 3), Stuttgart 1976

C. Cipolla / W. Borchardt (Hg.), Die Entwicklung der industriellen Gesellschaften, Stuttgart 1979

G. A. Craig, Deutsche Geschichte 1866–1945, München 1980

E. Eyck, Das persönliche Regiment Wilhelms II. Politische Geschichte des deutschen Kaiserreiches von 1890–1914, Erlenbach / Zürich 1948

W. Frauendienst, Das deutsche Reich von 1890–1914 (Handbuch der deutschen Geschichte, hg. v. Brandt / Meyer / Just, Bd. IV/I), Frankfurt 1973

L. Gall, Bismarck. Der weiße Revolutionär, Berlin 1980 u. ö.

D. Grosser, Vom monarchischen Konstitutionalismus zur parlamentarischen Demokratie. Die Verfassungspolitik der deutschen Parteien im letzten Jahrzehnt des Kaiserreiches, Den Haag 1970

A. Hillgruber, Die gescheiterte Großmacht. Eine Skizze des Deutschen Reiches 1871–1914, Düsseldorf 1980

G. Hohorst / J. Kocka / G. A. Ritter, Sozialgeschichtliches Arbeitsbuch. Materialien zur Statistik des Kaiserreiches 1870–1914, München 1975

H. Holborn, Deutsche Geschichte in der Neuzeit, Bd. 3: Das Zeitalter des Imperialismus (1871–1945), München 1971 (auch Fischer TB 6416, 1981)

E. R. Huber, Deutsche Verfassungsgeschichte seit 1789, Bde. 2 und 3, Stuttgart 1960 und 1963

H. Kaelble, Soziale Mobilität und Chancengleichheit im 19. und 20. Jahrhundert, Göttingen 1983

D. S. Landes, Der entfesselte Prometheus. Technologischer Wandel und industrielle Entwicklung in Westeuropa von 1750 bis zur Gegenwart, Köln 1973 (auch dtv-WR 4418, 1983)

D. Langewiesche (Hg.), Ploetz. Das deutsche Kaiserreich 1867/71 bis 1918. Bilanz einer Epoche, Würzburg 1984

W. J. Mommsen, Die latente Krise des Deutschen Reiches 1909–1914 (Handbuch der deutschen Geschichte, hg. v. Brandt / Meyer / Just, Bd. IV/I), Frankfurt 1973

M. Rauh, Föderalismus und Parlamentarismus im Kaiserreich, Düsseldorf 1973

G. A. Ritter (Hg.), Die Deutschen Parteien vor 1918, Köln 1973

G. A. Ritter (Hg.), Das deutsche Kaiserreich 1870–1914. Ein historisches Lesebuch, 2. Aufl., Göttingen 1975

G. A. Ritter, Staat, Arbeiterschaft und Arbeiterbewegung in Deutschland, Berlin 1980

J. C. Röhl, Deutschland ohne Bismarck. Die Regierungskrise in Deutschland 1890–1900, Tübingen 1969

A. Rosenberg, Entstehung der Weimarer Republik, 19. Aufl., Frankfurt/M. 1981

P. v. Rüden / K. Koszyk (Hg.), Dokumente und Materialien der deutschen Arbeiterbewegung 1848–1918, Frankfurt/M. 1979

Th. Schieder, Staatensystem als Vormacht der Welt 1848–1918 (Propyläen-Geschichte Europas, Bd. 5), Berlin 1977

M. Stürmer (Hg.), Das kaiserliche Deutschland. Politik und Gesellschaft 1870–1918, 3. Aufl., Düsseldorf 1978

M. Stürmer, Das ruhelose Reich. Deutschland 1866–1918, Berlin 1983

H.-U. Wehler, Das Deutsche Kaiserreich 1871–1918, 6. Aufl., Göttingen 1985

E. Zechlin, Die Reichsgründung, 4. Aufl., Berlin 1980

Bildnachweis

Archiv für Kunst und Geschichte, Berlin: 11; Bildarchiv Preußischer Kulturbesitz, Berlin: Titelfoto, 1, 13, 16, 17; Landesbildstelle Berlin: 18; Politisches Archiv des Auswärtigen Amtes, Bonn: 14; Privatbesitz: 4, 5, 7, 8